Johann Rudolph Glauber

Pharmacopaeae spagyricae

Erster von Sieben Teilen

Johann Rudolph Glauber

Pharmacopaeae spagyricae
Erster von Sieben Teilen

ISBN/EAN: 9783743653443

Hergestellt in Europa, USA, Kanada, Australien, Japan

Cover: Foto ©Andreas Hilbeck / pixelio.de

Weitere Bücher finden Sie auf **www.hansebooks.com**

Joannis Rudolphi Glauberi

Zweiter APPENDIX

über den Siebenden Theil

deſſen

SPAGYRIſchen Apotheken/

Darinnen von weiteren gebrauch unſer
ſecreten Salis Armoniaci, in verbeſſerung
der geringeren Metallen/ und inſon-
derheit vom nützlichem außziehen
oder ſcheiden des Goldes und Sil-
bers aus dem Zin/ gehan-
delt wird.

Neben beygefügten Unterricht/

Wie per aquam Mercurialem Jovis, nicht
allein aus dem Golt/ ſondern auch Marte &
Venere, wie auch aus den Edlen und un-
Edlen geferbten Steinen ihre Tincturen,
gleichſam in momento ohne Feuer
und Koſten/ in copia zu ex-
trahiren ſeyn.

In Amſterdam/

Bey Johann Janßon von Waesberge/
und der Wittwe Elizei Weyerſtraten/ An. 1668.

Günstiger Leser:

IN dem vorhergehenden Erſten Appendice über den Siebenden Theil meiner Pharmacopœe Spagyricæ, habe ich verſprochen/noch den Zweyten Appendicem von unſers Salis Armoniaci ſecreti weittern gebrauch/ in verbeſſerung der Metallen, auch herauß zu geben/ auf daß den unwiſſenden/ oder noch zweiflenden / die Warheit volkömlich in die Hände gegeben würde. Die Urſach aber zu wiſſen/ warumb ich über gedachten Siebenten Theil/ zwey Appendices, und an ſtat deren/nicht die dar in begriffen Secreta, unter dem Titul des Achten Theils herausgegeben/ iſt dieſe. Die weilen ich fürgenommen die Siebende Zahl (darhinter etwas ſonderliches verborgen ſteckt) nicht zu übertreten / dan ich ſolches bey meinen andern Schrifften auch zu thun geſinnet bin: Und weilen von des Vaterlands Wohlfahrt albereit ſechs Theile herauß gangen/ ſo ſoll mit neheſten/ geliebtes Gott / auch der Siebende Theil folgen: Darinnen offenbahr / ohne einige hinterhaltung der Handgriffen klahr gelehret wird / wie ein jeder/der nur ein wenig mit Feuer ümbzugehe weiß mit großen Nutzen/ aus dem Sand und Steinen ☉ und ☽ ziehen/ und dadurch an allen orten der Welt/ eine reiche Nahrung haben kan. Desgleichen

A ij

gleichen hab ich auch unterhanden / die zwey letztere Theile Furnorum, zu dem albereit fünff heraus gegebenen / auch bey zu setzen / und die Siebente Zahl da mit zu erfüllen; welche zwey letztere Ofen überaus nützlich seyn; dan in den sechsten Ofen / das künstliche Instrumentum Refrigeratorium oder Alembicum, darinnen der ☿, oder Sal Cœleste, omnium vegetabilium Animalium & mineralium, durch anzünden und verbrennen des Spiritus Vini (dardurch sie aus den groben Cörpern gezogen / von den unnützen Theil geschieden / und exaltiret werden) gefangen wird: welches Instrumentum alle Philosophi, in höchster geheim gehalten / und solches niemahlen gemein gemacht. Daß ich aber solches thue / hat seine Ursachen nicht nötig jederman zu wissen. Der Siebende Theil wird ein klein Ofelein anweisen / dardurch man mit sehr wenig Kohlen aus retorten / in wenig Stunden eine distillation verrichten kan; dergleichen Compendium noch niemahlen bekant gewesen; in welchen Ofelein auch die Tincturen der Metallen, durch des uhralten Philosophi Artephii secrete Feuer / oder durch der materiæ Lapidis proprium agens, mit wenig Kohlen / und kurtzer Zeit sehr Compendiose figiret oder ausgezeitiget werden. Und wan mir Gott das Leben noch ein wenig gönnen wird / so soll auch das Opus minerale: Miraculum Mundi; die angefangene Centuriæ; wie auch noch andere meiner Schrifften mehr /

der Spagyrischen Apotheken.

mehr/ auf die Siebente Zahl gebracht werden. Zu vor aber sollen einige Politische Schrifften/ als nemblich/ das zweyte Jrdische/ und dritte Himlische Purgatorium, wie auch von Gott/ guten und bösen Geistern/ zu großem Contentement der Welt/ herauß gegeben werden. Nun diesen zweyten Appendicem betreffent/ so soll die wahre/ und nutzen-bringende/ so wohl particular, als auch universal transmutation der Metallen zwar kürtzlich/ doch gründlich/ offenbahret werden; doch nicht also/ daß es ein jeder hoffärtiger Faulentzer/ im huy alsobalden erschnappen/ oder wegreißen kan/ seinen stinckenden Hoffarht/ oder untüchtig Leben da durch zu verärgern; gantz nicht/ sondern es sollen die Secreta also beschrieben werden/ daß die jenigen/ welche etwas im Feuer zu thuen/ Verstand haben/solches gnugsam begreiffen können; also daß die gantze Welt sich dieser meiner treuhertzigen Lehre wird zu erfreuen haben: Und wan ja in diesem Appendice, nicht einem jedwedern alles klar genug/ nach seinem Sinne aus kommen solte/ so ist ihme nicht gewehret/ meine folgende Schrifften zu lesen/ und eine erleuchterung deren Secreten daraus zu nehmen: Den alten Freunden aber/welche mit den Feinden nicht geheuchelt/ oder auff beyden Achseln getragen/ denen selben ist meine Freundschafft nicht abgeschnitten/ ihnen einen kürtzern und nähern Weg/ als alhie/ für jederman angewiesen/ zu

A iij   zeigen/

Zweiter Appendix, des 7. Theils
zeigen/ darbey es dann verbleibet. Wünsche allen frommen Liebhabern der Kunst hiemit/ Gottes reichen Segen dazu/ Amen.

Noch von weitern Nützlichem Gebrauch unsers Salis Amoniaci Secreti, in verbesserung der Metallen.

JN dem Siebenten Theile meiner Spagyrischen Apotheken/ habe ich weitläufftig gelehret/ wie unser Secret Salmiac zu machen/ und in bereitung vieler guten/ und zuvorn noch niemahlen bekant gewesenen Medicamenten zu gebrauchen; und weilen daselbsten nicht alles offenbahret/ so habe ich auch einen Appendicem zu gesetzet/ darinnen von weitern gebrauch unsers Salis Amoniaci secreti gehandelt/ welcher auch von sehr nützlichen Secreten tractiret; und weilen unsers secreten Salmiacs Tugenten sehr groß/ und gleichsam unergründlich seyn/ also habe ich gut gefunden/ deren noch mehr/ und sonderlich in verbesserung der geringen metallen/ (die weilen fast die gantze Welt darnach suchet/) bekant zu machen/ werde also in diesem kleinen Appendice, große Dinge offenbahren/ und mich der Welt Undanckbarkeit/ gar nicht davon abhalten laßen; und soll erstlich von den Bley und Zinn/ und hernacher/ auch von den andern unvolkommenen Metallen verbesserung gehandelt werden/

der Spagyrischen Apothecker.

werden/ alß da seyn das bley/ ♃/ und ♂/ wie nemblich durch Kunst deren verderbliche oder verbrenliche Sulphur, davon zu scheiden/ und der reinere Theil/ als ☉ und ☽/ welche unsichtbahr darinnen verborgen/ daraus zu ziehen/ und sichtbahr zu machen. Und erstlich von Natur und Eigenschafft dieser beyden geringen/ und von den Unerfahrnen wenig geachten Metallen Bleyes und Zinnens.

Kürtzlich davon zu reden/ so seynd diese beyde Metallen/ dem äuserlichen ansehen nach/ einander nicht sehr ungleich/ nur daß das Zinn weißer ist als das Bley/ aus welcher Ursach es von den Philosophis weiß Bley genant wird/ wie dan auch das Antimonium schwartz Bley/ und wißmut grau Bley genant/ weilen sie gerne/ wie das Bley sich schmeltzen/ und im Feur handlen laßen. Vom Bley und Zinn/ als beyden in Firmament höchsten Planeten, haben die Heydnische Philosophi viel fabuliret/ und neben anderen geschrieben/ daß Jupiter seinem Vater Saturnum, aus seinem Reich gestoßen/ und sich Meister davon gemacht habe/ und was dergleichen dinge mehr seyn/ dardurch sie die Verenderung der Metallen (wie bey dem Ovidio und andren Poëten zu ersehen) bekandt machen wollen. Dieses alles hindan gesetzet/ und in seinem Wercke bleiben laßen/ was von solchen Poëtischen Fabeln zu halten/ so sage ich/ daß sie fast alle denen/ die nichts im Feur erfahren/ sehr obscur seyn/ und

A 4 von

von tausenden / die sie lesen / kaum einer zu finden / welcher einen rechten Grund darauß schöpfet / wie wohl sie von hocherfahrnen Männern gemacht worden; darumb nur allein denen / welchen es Gott offenbahret / der darinnen verborgene Schatz zu handen kompt / und der Welt nasenweisen Faullentzern wohl unverborgen bleibet. Auff daß ich aber mein Pfund / so mir Gott gegeben / nicht begraben / sondern durch die gantze Welt damit wuchern mögte / als habe ich gut gefunden / die verbeßerung des Bleyes und Zins bekant zu machen / und solche große Gabe Gottes nicht mit mir unter die Erden zu nehmen / sondern Gott / als Schöpffern alles gutes / zu ehren / und dem gantzen Menschlichen Geschlechte zum besten / ohne ansehen der Persohnen / ob sie Freunde oder Feinde seyn / bekant machen wollen; die Frommen oder guten / werden es ohne geweiffel zu danck auff und annehmen / den Unerkentlichen oder Undanckbahren / wird diese meine wohlmeinende Offenbahrung eines solchen großen Nutzen bringenden Secrets, nur glüent /. Kohlen auff ihren Häuptern seyn; Darumb mich meine Offenbahrung / wan sie gleich auch den Becherschen Gottlosen / Farnerischen / Amelungischen / Krafftischen / und dergleichen Teuffels Gespenst / Lügen-geistern / und falschen Ottergezüchtischen Hauffe / welche das Gute aus Neid verachten / in Handen kommen wird / gar nicht gereuet / sondern mich gnugsam contententire/ daß ich der Welt/ Gottes und der Natur große Wunderwercke bekant mache: Fahre derhalben in Gottes Nahmen unverdroßen fort/ den Guten und Bösen/ als Freunden und Feinden/ nach dem Befehle Gottes Gutes zu thuen; werdens die Gottlosen mißbrauchen/ so wird sie Gott zu seiner Zeit wohl finden und rechtschaffen bezahlen. Folget nun erstlich die Beschreibung von der Natur und Eigenschafft des Bleyes und Zinnes/ wie sie mir durchs Feur bekant worden.

Von der Natur und Eigenschafft des Bleyes.

DAs Bley ist von der Natur ein unaußgezeitigt Metall, von vielen groben Þrio, und wenigem unreinen Sulphur Componiret/ oder zusammen gesetzet; Sein Saltz vergleichet sich dem Nitro, dahero es seine große Kälte und leichten Fluß hat/ und wan sein Þrius von seinem groben Schwefel gereiniget wird/ so ist er dem ☉ gleich in der Schwere/ und kan auch durch Kunst dazu gebracht werden; daß es die Farbe/ und auch Beständigkeit des Goldes erlanget/ wan nur sein Sulphur Superfluum Comburens, und Salnitrosum davon es so leicht flüßig/ und alle dinge durchbeißend ist/ von ihme separiret werden; daß der ♄ Saturni zu gutem ☉ werden
kan/

kan/ bezeugen alle wahre Philosophi, wan sie sagen/ daß das Bley ein Aurum Leprosum oder ein außetzig ☉ sey: gleich wie nun der Lepra oder Außatz des Menschen von einem kalten/ feuchten/ und zu viel gesaltzenem Geblüht herkompt/ welches die Haut und das Fleisch durchbeißet/ und solchen abscheulichen Scabiem am leibe generiret/ und sonderlich an denen Orten des leibes/ da es gemeinlich naß oder feucht zu seyn pfleget/ als bey Mans Persohnen im Angesicht/ an der Nasen/ Ahren/ Augen/ und dergleichen; aber bey den Weibes Persohnen mehrern theils circa pudenda: So aber das Geblüht gar zu corrosivisch worden ist/ so durchnaget es über den gantzen Leib/ und bohret Löcher hinein/ also wan solcher kalter und scharfer Fluß überhand genommen/ und keine gute remedia dargegen gebraucht werden/ so wird der gantze Leib dadurch ruiniret, darauff dan der Toe nothwendig folgen muß; gegen welche abscheuliche Kranckheit/ die alten Medici, das schöne beständige ☉/ weilen es keiner putrefaction unterworffen ist/ zu gebrauchen/ verordnet haben; wie dan noch biß auff diesen Tag zu/ solcher großer Mißbrauch in den Galenischen Apotheken im schwang gehet/ wan alles verseumet/ und durch heiloße untüchtige Medicamenta verdorben/ und fast keine Hoffnung mehr ist/ zu helffen/ als dan muß das ☉/ ☽ und Edelgesteine herfür kommen/ und den Krancken

-den

der Spagyrischen Apotheken.

den letzten Schlafftrunck geben/ und ihme den Garauß machen. Die jenige aber/ welche es thuen/ und ohne scheuw so wißentlich und fürsetzlich den armen Krancken also jämmerlicher weise/ durch ihre schädliche Compositiones ad Cymbum Charontis schicken/ solches einmahl schwerlich werden zu verantworten haben; dan dencke doch einmahl/ was das gefeilet oder dün geschlagen ☉ und ☽/ oder Demantische harte Edelgesteine ins Menschen Magen verrichten solten? Weilen der Magen so starck nicht ist/ die geringste krafft darauß zu ziehen/ solche dem Leibe zur Stärcke mit zu Theilen/ dan die allerstärckste corrosivische Waßer keine Macht haben solche Steine anzugreifen/ was solte dan des Krancken schwacher Mage thun können? Der erste Erfinder/ solcher heieloſen Compositionen der Galenisten, welchen die Natur unbekant ist/ darein ☉ und ☽ Bletter/ sampt Edelgesteinen kommen/ ist ohnezweiffel/ ein naseweiser Doctor in der Narren Schul gewesen/ und seynd seine Nachfolger oder Schüler/ welche solche untüchtige dinge noch täglich gebrauchen/ darunter auch gefunden werden/ welche sich Chimicos nennen laßen/ und doch einen so groben Handtastig Fehler nicht sehen können/ nicht beßer zu achten seyn/ als der Inventor selber. Es ist zu verwundern/ daß solche Närrische und untüchtige Compositiones nicht einmahl aus den Apotheken geschaffet werden/

weile

weilen durch erfahrne änMner / so offt und vielmahl dagegen geschrieben worden. Was macht aber / daß solcher Fehler nicht gemercket oder gesehen wird? Der Medicorum Blindheit/oder unerkäntniß deren Subjecten welche sie den Krancken fruchtloß gebrauchen; die Doctores und Apotheker haben keinen Schaden dabey / dan es gibt fette Suppen in die Küchen/ welche die Patienten mit ihrer besten Haut bezahlen müßen. Es ist aber kein zweiffel / wan der versprochene Elias Artista einmahl kommen wird/ daß er viel dergleichen untüchtiges Sudelwerck abschaffen/ und gute kräfftige Medicamenten an die stätt setzen werde; da zu mein Purgatorium Philosophorum & Medicorum, mit dem sechsten und siebenden Theile furnorum nicht wenig helffen wird: muß also die Warheit noch so lang gedruckt / und verachtet stecken bleiben / biß daß Gott/ als ein Ursprung der Warheit/ einen starcken Helden senden wird / solche aus der Verachtung zu erlösen/ und mit einem Ehren-Krantz herrlich zu zieheren. Es haben zwar einige erfahrne Philosophi, als Paracelsus und andere mehr/ auch von ☉ und Edelgesteinen geschrieben/ daß große dinge in Medicina (wan sie zu vorn in die potabilität gebracht würden) damit auszurichten wehren: aber solche compacta fixa Cörper / denen weder starcke Wasser/ noch Feuer etwas abgewinnen kan/ haben sie nicht unbereitet geben/ sondern solchen Mißbrauch der Unerfahrnen allezeit bestritten.

stritten. Wan ein Mensch dem andern übel tuht/ und doch keinen Nutzen von seinen böß thun zu erwarten hat/ so tuht er dem Teuffel/ und seinen gehülffen den Hexen gleich/ welche anderen frommen Menschen / durch ihre Zauberey schaden und doch keinen Nutzen davon haben. Ein Dieb/ wenn er andern ins Hauß bricht/ und ihme sein Guht abstihlt/ so tuht ers entweder darumb/ daß er davon müßig leben/ und faulentzen dabey gehen kan/ oder für die Mundkost nicht arbeiten darff/ darumb stiehlt er; ein Mörder schlegt niemand zu tode/ wan es ihme nicht umb das Geld/ welches er verhofft bey den Todten zufinden/ zu thuen were; deßgleichen würde der Kramer die Elen nicht zu kurtz/ das Gewicht nicht zu leicht/ und seine Wahre nicht zu theur verkauffen/ wan es ihme kein Geld zu brächte; desgleichen würde in der Welt nimmer so viel Betrug/ unter kleinen und großen Herren gehen/ wan es nicht umb des bösen Geldes willen geschehe: der jenige aber welcher andern schaden thut/ und doch keinen Nutzen davon hat/ thut mehr Sünde/ als ein Dieb/ der einem andern sein Guht stiehlt; kan also beßer nicht als den Satan/ und seinem Anhang/ und Dienern den Hexen verglichen werden / welche Teufflische Menschen / den Frommen viel Böses / durch Gottes Zulaßung anthun/ wan sie gleich keinen Nutzen davon haben: (von welcher Art bösen Menschen/ mit nähesten/ geliebts Gott/ ein besonderes Tractätlein

tätlein / unterm Nahmen vom irdischen / zeittlichen Fegfeuer oder purgatorio) herauß kommen wird. Bißweilē haben aber etliche Gewißenlehre Medici, auch Nutzen davon / wan sie lange Recepten machen / darin viele theure Ingredientia, als da seyn die untüchtige Magisteria Perlarum, & Corallorum, der Krafftloße Lapis Besoar, Confectio Alkermes, Confectio Hyacinthorum, &c. einsetzen / welche / weilen sie theur seyn / dem Apotheker viel Geldt zubringen; welches aber nicht seyn solte / aber dannoch leider gar zu viel geschicht / wie aus dieser warhafftigen Historia zu ersehen ist. Vor etlichen dreyßig Jahren / war zu Franckfurt unter den Juden ein Doctor Medicinæ, derselbige Juden Doctor, practisirte durch die gantze Stadt mit tümblichen zulauff / dan er vor andern aus den Urin, des Patienten Kranckheit urtheilen kondte; Es geschahe einmahl / daß er von einem Apotheker / und seinen Knechten nicht nach seiner meinung gnugsam respectiret ward / welches ihm verdroß / und derhalben solchen despect nicht ungerochen laßen wolte / erfundt er diesen Griff / welcher ihme auch wohl glückte; wan Parienten zu ihm kahmen / ihr Waßer sehen zu laßen / dan er viel gebraucht wurde / weilen er guten Verstand davon hatte / so fragte er / wer ihr Apotheker wehre / deren damahlen Vier in der Stadt waren / und hernacher der Fünffte auch ist zugelaßen worden; wan sie dan einen

von

von diesen nenneten/ welcher ihm nicht despectiret hatte/ so schrieb er ihnen fette Recepta, und schlumpte nach seinem gebrauch lustig in den prætiosis herüm/ als da seyn/ die untüchtige Magisteria, Lapis Bezoar, Confectio Alkermes & Hyacinthorum, &c. welches die Apotheker dan gerne sahen/ und ihme hinwiederumb gute Verehrunge/ als allerhand Gewürtz/ Zucker/ und andere Dingen/ der Küchen dienstlich/ dagegen ins Hauß sandten; kahmen aber Patienten, welche ihre Medicin bey diesen Apotheker/ da von er gaffrondiret worden/ zu kauffen pflegeten/ so schrieb er sehr kleine Brießlein/ also daß kaum für 3. oder 4. Stüver wehrt Kräuter Syrup/ darin stund/ da er doch sonsten pflegte Recepta zu machen/ die etliche Gülden kosteten/ darüber sich der Apotheker verwunderte/ daß nun vom Juden Doctor solche schlechte Recepta ein kähmen; ruffte derhalben im verbeygehen den Doctor zu sich in die Apotheck: fragte/ warumb er eine zeitlang solche kleine Receptlein in seine Apotheck Geschrieben; so fragte der Juden Doctor dargegen/ warumb der Apotheker ihme/ nicht auch/ wie er anderen Doctoren gethan/ ein gut Neu-Jahr ins Hauß geschicket hatte; da fand sich der Apotheker schüldig/ und versprach dem Doctor solche Verseumnüße wieder dobbelt einzubringen; da kamen die fetten Recepten wieder wie zu vorn geschehen/ und wurd das alte Sprüchwort

zweiter Appendix, des 7. Theils

wort erfüllet: Wurst über den Zaun/ Wurst wieder über/ oder/ wan die eine Hand die andere wescht/ so werden sie alle beyde rein/ ꝛc. Diese Historia ist warhafftig/ daran niemand zweiffelen darff/ dan ich zu solcher Zeit/ als es geschehen ist/ da selbsten Persöhnlich bin gewesen/ habe auch der gleichen theure Recepten/ darinnen bißweilen 20. oder 30. theure und doch untüchtige Ingredientia wahren/ unterschiedliche mahlen gesehen. Also gehet es in der Welt zu/ welches aber nicht seyn solte; Wan aber ein Medicus güte kräfftige Medicamenta hat/ darauff er sich darff verlaßen/ so kan ihme niemand verwegern/ wan er sie ihme wohl bezahlen läßet/ von denen/ die es haben und thun können; daß man aber ohne unterscheid der Persohnen/ als Armen/ und Reichen/ solche krafftlose Medicamanta, als das ☉/ ☽/ und Edelgesteine seyn; theurer anhangt/ das ist unrecht gethan. Wan aber solche unerfahrene Medici diesen groben Fehler vertheitigen/ und sagen wolten/ das ☉/ ☽/ und Edelgesteine gute subjecta wehren/ und consequenter auch gute Tugenten haben müßten; darauff ich antwortte/ das ☉/ ☽/ und Edelgesteine zwahr gut in die Börß seyn/ selbigen fein fett und schwer zu machen/ hergegen aber dem Krancken in den Magen also rauch und unbereitet/ gahr nicht dienstlich/ sondern viel mehr schädlich seyn: darumb so große Fehler und schaden des Patienten billig

ver-

der Spagyrischen Apotheken.

verhütet/ und abgeschaffet werden solten. Dieses sey vom mißbrauch des Goldes/ Silbers/ und Edelgesteinen in parenthesi gnug gesagt: so aber solche unerfahrne Medici, der Philosophorum lebendig ☉ und ☽/ und Edelgesteine kenneten/ und solche rechtmäßig den Patienten zu appliciren wüsten; als dan würden sie mehr Ehr einlegen/ und so viel fürsetzliches Böse an ihren neben-Christen nicht verübett. Dieses muß ich noch zu guter nachricht sagen/ vom Auffatz des Menschen und dessen Cura, dieweilen Lepra eine Saturnische Kranckheit ist/ also kan sie auch gar leichtlich durch Saturnische Medicamenta, als da seyn/ das schwartze Bley/ der weißen Antimonium oder Magnesia Saturnina, wan sie wohl bereitet/ und curiret werden. Nun wiederumb zu unsern Saturno oder Auro Leproso zu kommen/ und zu sehen/ wie ihme sein Melancolischer Auffatz zu benehmen/ und eine gesunde Sanguinische Complexion dargegen gegeben werde/ kan geschehen/ wan ihme sein scharff corrosivisch Geblüth benommen/ oder in eine süße verwandelt wird; dan wie gehöret/ das Bley einen scharffen/ und alle harte dinge durchbeißenden Salpeter-Geist bey sich hat/ welches die alten Philosophi zu erkennen gegeben haben/ wan sie ihme eine scharffschneidende Sichel in die eine/ und in die andere Hand ein klein Kind/ welches er in sein Maul schiebet/ solchs auffgefressen/ gemahlet haben; Daher er

B   auch

auch ein Kinderfresser/ oder fressender Wolff genant wird; welchen Fraß er auch erzeiget/ wan er auff eine glüende Capelle gesetzet/ alles was man ihme zusetzet/ auff frist und verschlinget/ darumb er auch ein umbarmhertziger Vater/ über seine Kinder genant wird/ weilen er solche auff frist/ und zu nichte macht. Nach sagen der Philosophorum und Astronomorum ist er der Höchste und Edelste unter allen Planeten am Firmament; daher andere Planeten und Metallen/ als da seyn ☉. ☽. ♃. ♂. ♀ und ☿ seine Kinder/ doch unrecht genant werden/ dan sie seyn seine Kinder nicht/ sondern seynd seine Brüder/ welche er auff der glüenten Capellen auff frist und erwürget/ und verschlinget/ als außer ☉ und ☽/ welche er zwar auch verschlinget/ wie seine andere Brüder/ kan sie aber nicht vertheuen oder zu nichte machen/ sondern muß dieselben wiederumb ausspeyen/ also/ daß sie in dem geitzigen Wolffs Magen keinen schaden leiden/ sondern vielmehr schöner von aller Unreinigkeit gewaschen werden; kan also der geitzige Vielfraß Saturnus, wie viel aciditet er gleich in seinem Magen hat/ das ☉ und ☽ nicht verzehren/ sondern raubet nichts anders als den Sulphur Superfluum, da durch der ☿ bey den Metallen verdorben worden/ davon Paracelsus in seinem Cælo Philosophorum gar herrlich schreibet/ welche Schrifften in dem vorhergehenten Ersten Appendice vom gebrauch des Alkakests ange-

der Spagyrischen Apotheken.

angezogen seyn. Daß ein großes Acidum, bey dem Saturno sey/ erweiset er/ wan man solchen in einem Erdenen Tiegel glüendt machet/ so bohret er Löcher durch den Tiegel/ und laufft auß/ darumb gußt gefunden worden ist/ solchen auff/ von Wein-aschen gemachten Capellen zu handelen/ welcher nicht durchbohret/ sondern verkreucht sich nach und nach/ als ein Wasser in die Capellen. Es können aber Tiegel von Kohlen-gestib und guter Erden in Formen geschlagen werden/ welche Jahr und Tag den fressenden Saturnum, sampt allen andern Metallen, stetig ohne außlauffen im Fluß halten können/ davon in meinen andern Schrifften ein mehres zu sehen ist. Dieses sey von dem fressenden Saturno und seiner Natur und Eigenschafft gesaget/ daß er nemblich viel/ doch unreinen ☿, wie auch scharffen Salpeter Geistes bey sich habe/ wan diese von ihme geschieden werden/ daß er alsdan gußt ☉ und ☽ von sich gebe/ aber nicht allein/ sondern durch hülffe seines Bruders Jovis, dessen Sulphur Superfluum, den Salpeter-Geist im Bley anzündet und verbrennet/ also daß durch solch anzünden das schädliche Nitrum im Bley/ und schädliche Sulphur im Zin zu gleich verzehret und weggenommen werden; und wan diese beyde weg seyn/ so läßt sich das ♃ mit Bley vermischt/ auff der Capellen abtreiben/ und geben sie beyde zu gleich viel ☉ und ☽ von sich/ davon man eine

B ij   gute

gute Nahrung ohne eines andern Schaden/ wie wir bald hören werden/ haben kan.

Wiltu aber verfichert seyn/ daß deme also sey/ und das Bley einen scharffen Nitrosischen Geist von Natur bey sich habe/ welcher durch keinerley weiße von ihme zu nehmen/als durch des Salpeters Feind den Schwefel da durch er angezündet und verbrennet wird: und wan also der Salpeter im Bley durch den Schwefel angezündet und verbrandt wird/ so ist das Bley hernacher kein Bley mehr/ sondern so hart und unflüßig als Eysen/ also daß man Stücke darauß giesen köndte/ welches also zu erfahren ist; nimb zu 3. Theilen gefeilet Bley oder Bleyglatt 1. Theil gepulverten Schwefel/ setze den Tiegel zwischen glüendte Kohlen/ daß er langsam warm werde/ so wird der Schwefel das Bleyglet penetriren, und den flüßigmachenden Salpeter-Geist im Bley tödten/ und wird zugleich auch der Schwefel getödtet/ welcher zuvor immer so flüßig oder flüßiger wahr als das Bley/ und nun bey dem Bley so hart flüßig worden ist: Diese Tödtung oder Hartmachung des Bleyes/ durch den gemeinen Schwefel gibt keine Verbesserung/ sondern wird nur hieher gesetzet/ damit zu erweisen/ daß ein Salpeter im Bley sey/ und daß Salpeter und Schwefel/ welche also per se beyde flüßig seyn/ und doch ein ander tödten und hart machen; so aber der Salpeter im Bley/ durch des Zins

Schwefel

der Spagyrischen Apoteken.

Schwefel angezündet und verbrandt wird/ alsdan verbessert das eine Metal das ander/ und wird das schädliche superfluum, beyder Metallen/ als in Bley der Salpeter/ und im Zinn der unnütze Sulphur verzehret und weggethan/ darauß dan nothwendig die Verbesserung folgen muß. Du kanst es auch also versuchen/ daß der Schwefel dem Salpeter im Bley thöte/ und das Bley hart mache/ schmeltze in einem Tiegel etliche Loht Bley/ und wirff immer ein klein Stücklein Schwefel nach dem andern auff das Bley/ laß ihn darauff verbrennen/ so lange biß das Bley im Tiegel hart und Unflüßig worden ist/ so kanstu also versichert seyn/ daß Salpeter im Bley/ und Schwefel im Zinn sey/ weilen sie ein ander anzünden und verbrennen; wiltu aber noch mehr versichert seyn/ daß Salpeter im Bley sey/ davon es so flüßig/ und aller dinge durchbeißent ist/ so thue ihm also/ laß Bley in einem Tiegel glüend schmeltzen/ so wird er den Tiegel durchbohren und außlauffen/ deßgleichen laß auch in einem andern Tiegel Bley schmeltzen/ und wirff ein wenig Schwefel darauff/ welcher den beyssenden Salpeter-Geist im Bley tödtet/ daß das Bley den Tiegel nicht so leichtlich durchbohret/ sondern ohne außlauffen sich lange glüen läst; kan dir dieser Beweiß noch keinen Glauben geben/ daß die Beyßigkeit im Bley/ von einem scharffen mineralischen Salpeter-Geist seine Ursach habe/ so probir es weiter

weiter also; abstrahire in einem gläsern Retörtlein von vier Loht gefeilt Bley/ zwey Loht des scharffen Olei Victrioli oder Spiritus Salis, so wird der truckene Saturnus, in der Abstraction den scharffen Saltz-Geist zu sich ziehen/ und nur ein ungeschmack phlegma, und kein corrodirend Oleum Victrioli übergehen; nach der destillation nim dein Bley aus dem Retörtlein/ und versuche es/ ob es schärffer geworden sey/ so wirstu befinden/daß das Bley den scharffen Saltz-Geist in sich getruncken coaguliret/ und zu einem süßen Stein gemachet/ daran kein Corrosiv zu spüren ist; kan nun des Bley dieses thun/ daß es ein solch corrosivische Oleum zu einem süßen Stein machen kan/ warumb solte es dan von Natur her diese Macht nicht haben gehabt/ seinen eigenen angebohrnen Saltz-Geist zu coaguliren/ zu verbergen/ oder unmercklich zu machen/ davon kanstu lesen/waß ich in einem Tractätlein de Principiis Metallorum von Coagulation der Saltz-Geister geschrieben hab/ daß das Bley die Natur habe/ alle scharffe Saltz-Geister zu coaguliren/ hastu nicht genugsam aus dieser proba gelernt/ so kanstu es auch noch weiter also probiren; schmeltze dieses mit Saltz-Geistern acuirte Bley/ in einem treifachen Tiegel in einem Schmeltz-Feuer/ laß es glüent sitzen/ so wirstu erfahren/ daß dieses scharffgemachte Bley in einem Hui/ die drey in einander gesetzte Tiegel wird durchgebohret haben/ und

und außgelauffen seyn / welches ein gemein Bley nicht hette thun können / darauß kanstu abermahl sehen / daß des Bleyes alle dinge durchbohrende und durchnagende Krafft vom Saltz-Geistern / welche dabey coaguliret seyn / herrühret: Dencke diesem nach / was doch durch ein solches Bley / dessen von Natur mit sich gebrachte Schärffe / und durch Kunst acuirte / und noch schärffer gemachte Sichel / wan wir solche in transmutatióne wohl zu gebrauchen wusten / solte thun können? Wan die Philosophi von des Saturni scharffen Sichel geschrieben haben / so haben sie es mit diesen Worten beygebracht / Falx ejus mordax est, Seine Sichel ist von Natur scharff / und wird viel schärffer gemacht / durch andere Saltz Geister / wie wir allhier gehöret haben / wan die Graßmeeder mit einander bißweilen ein Wette thun / welcher seinen Morgen Landes am ersten abgemeyet / ihre Stärcke und Kunst gegen einander zu probiren, so wissen einige ihre Sensen vor andern scharff zu machen / zu welcher Scharffmachung / die beste Wetstein den vorzug haben; der aller beste Wetstein aber den sie gebrauchen können / und solches ihrer nicht viel wissen / ist ein ☿ sublimatus, darmit sie ihre Sensen schärffen / und andere / die es nicht wissen / die Wettung abgewinnen. Es wehre von des Bleyes scharffen Sichel noch viel zu schreiben / ist aber genug auff dieses mahl erwiesen / daß sein leichter Fluß /

B iiij

und durchbeissende Natur / allein von einem scharffen Salpeter-Geist herkomme; welcher/so er ihm durch den Schwefel angezündet/ und benommē wird/viel ☉ und ☽ von ihme geschieden werdē kan/ davon hie negst Beliebtes Gott ein mehrers.

Von Natur und Eigenschafft des Zinnes / was ihme mangelt / und was es zu viel hat / und wie sein schädlicher überfluß ihme zu benehmen / daß es auff der Capellen sein verborgen ☉ und ☽ / von sich geben muß.

Das Zinn ist von den Heidnischen Philosophis ihrem Gott Jovi zugeeignet / welcher am Firmament den Saturno am näheften / wird von den Bergkleuthen/ das weisse Bley genand/ welches auch wie das Bley mit kleiner Hitze sehr gerne fließet / und sich mit seinem Bruder Saturno vereiniget / und in kleiner Hitze beysammen bleiben; wan sie aber beyde zusammen glüend werden/ so verwandelt sich die freundliche Brüderschafft in eine Feindschafft / können und wollen einander im starcken Feuer gar nicht leiden/ sondern thut ein jeder sein bestes von dem anderen zukommen/ ist ihnen aber nicht müglich/ ohne verlust des einen oder des andern Lebens/ oder beyder zu gleich / wieder von einander zu kommen / und vergleichet sich solcher streit dem Bauren Streit in Lapland / wie gesagt wird/ wan ihrer zween auffs höchste uneinig werden / daß sie sich mit Stricken an einander binden/

der Spagyrischen Apotheken.

den / daß keiner vom andern weichen kan / schneiden also ein ander so lange mit Messern / biß daß der eine von beyden todt zu bodem fält: Ob ich nun schon solchen Bauren Streit nicht gesehen / so habe ichs doch für eine Warheit sagen hören / es ist mir aber nichts daran gelegen / ob es wahr sey oder nicht wahr sey / dan was ich alhier schreibe / geschicht nur gleichnüßweise / den Kampff der beyden Brüder / Saturni & Jovis den unwissenden desto besser zu verstehen zu geben; daß Saturnus und Jupiter beyde Brüder seyn / bezeugen die Heidnischen Historien von ihren Göttern / wan sie sagen / die 4. Gebrüder / als Saturnus, Jupiter, Neptunus und Pluto, als vornehmste Götter im Himmel eins uneinig geworden / und ein jedweder der größte seyn wolte / haben sich aber wiederumb durch andere Götter vergleichen lassen / in welchem vergleich sie Himmel und Erden / unter einander außgetheilet; und ob wohl Saturnus älter als sein Bruder Jupiter gewesen / so habe doch Jupiter seinen ältern Bruder Saturno den Erdboden / und seinen jüngern Bruder Neptuno, das große Meer / und Plutoni die Hölle zugeworffen / welche außtheilung denen / welchen die Natur bekant / nicht frembd vor kompt / weilen ein jeder von diesen vier Brüdern / seiner Natur und Eigenschafft nach / einen Theil bekommen hat; dan Saturnus von Natur der Erden gleich ist / und was er in sich fasset / der Erden auch

B 3 gleich

gleich machet/ wie wir dan alhier bey diesem
Streit sehen werden; Jupiter aber weilen er sehr
sulphurisch und Feurisch in seinen innersten ist/
so regieret er billig den Feurigen Himmel/ und
läst Saturnum die Erde durchgraben/ darumb
die Alten ihme eine Spaden oder Schuppen
in die Hand gemahlet/ seine alle dinge durch-
grabende Natur damit zu erkennen geben wol-
len: dem Jovi aber haben sie mit feurigen Pfei-
len aus der Hand werffende gemahlet/ dahero
das alte Sprüchwort gekommen/ Procul à Jove,
procul à Fulmine. Daß das Zinn viel Feuer
oder Schwefel in sich habe/ kan man erfahren/
wan man klein gefeilet ♃/ und gepulverten Sal-
peter unter einander mischet/ und in einen Tie-
gel warm machet/ daß sie sich beyde/ als leicht-
brennende Subjecta, ein ander anzünden/ und
wie ein Blitz verbrennen/ daß nichts unver-
brandts im Tiegel bleibet. Man kan es auch also
versuchen und schmelzen ein wenig Zinn in ei-
nem Tiegel/ und wans glüendt/ ein wenig Sal-
peter zu geworffen/ so endzündet sich das Zinn/
und gehet zum Theil mit der Flam hinweg/ der
rest ist zu Schlacken verbrand. Nun dieses alles
ungeachtet/ so ist bekant genug/ daß der gröste
Theil am ♃ ein lauter verbrenlicher Schwefel/
der weiniger Theil aber ein ☉ reiner ☿rius sey/
doch noch unfix: wan dan der verbrenliche Sul-
phur, durch Kunst davon gescheiden/ daß dan
der reine ☿rius bey dem kalten Bley leichtlich
in

der Spagyrischen Apotheken.

in ☉ gezeitiget / wie der nachfolgende praxis gnugsam anzeigen wird. Dieweilen dan der Sulphur Jovis von sich selber im Feur nicht verbrennet/ sondern in der hitze seinen eigenen Krium anfast / und solchen zu Aschen verbrennet / und seine Metallische gestalt verliehret / also daß man solche Aschen ohne guten Zusatz schwerlich wieder in ein Metall reduciren kan / und das Bley solche Aschen auch nicht annimpt / sondern von sich stösset / oder ein weiß Glaß darauß machet/ so ist dieses die ursach/weilen/ daß ihrer so wenig gefunden worden / welche das ☉ und Silber/ so darin ist / mit Nutzen darauß scheiden können: Paracelsus hat in seinem Cælo Philosophorum deutlich geschrieben / daß viel Gold und Silber im ♃ verborgen sey / auch lesen wir von andern mehr / welche es haben thun können / und grosse Schätze von Gold und Silber darauß gezogen haben/ wie unter andern Bruchius in seiner Beschreibung des Fichtelbergs eine wahrhafftige Historie beschreibet / wie nemblich ein Bürger zu Eger im Böhmischen Grentzen / wenig Meilen von Nürnberg gelegen Stadt / gewesen / welcher das Gold und Silber aus dem Zinn mit reichem nutzen habe scheiden können / daß er bey seinem Leben ein reich Hospital davon erbauet / und dem Raht zu Eger viel Gelt gelanget / daß sie jährlich 410. Goldgülden / als Renten / vom gelangten Gelt / zu unterhaltung 12. alter Armen Männer und drey Priester / zu seinem

nem gestifften Hospital außgeben musten. Dieser Sigmund Wan, als Stiffter solches reichen Hospitals, hat die Kunst mit sich sterben lassen/ und ins Grab genommen/ aber geweißaget/ daß über 200. Jahre solche Kunst wiederumb auß dem Grabe auffstehen/ und in der Welt bekant werden solte/ welche Prophezeyung Bruschius zwar nicht anrühret/ sondern umb der Kürtze willen/ auch weilen ungewiß wahr/ ob es geschehen würde oder nicht/ verbeygehet; Es gehet aber ein geschrieben Büchlein auff dem Fichtelberg unter den Künstlern herumb/ welches ich gesehen/ und diese Vorsagung darin gelesen/ aber damahlen weilen ich noch jung war/ und kaum ein wenig wuste was Zinn wahr/ ich solches nicht geachtet hab. Nach dem mir aber in meinem hohen Alter/ Gott solche Kunst aus lauter Gnaden/ ohne mein begehren oder suchen auch offenbahret/ und in meine Hände kommen lassen/ so habe ich mich dessen erinnert/ was ich vor vielen Jahren gelesen/ und des Bruschii Büchlein herfür gesuchet/ und zu gesehen/ was Gedachter Bruschius von solcher Kunst geschrieben/ und befunden/ daß itzunder just solche Prophezeihung solches Gottseligen Mannes Sigmund Wan, erfüllet worden. Dan da er den herrlichen und sehr reichen Hospitael und Kirche erbauet/ er solches Prophezeyhet/ und darauff bald auch im Herren entschlaffen ist/ hat man geschrieben 1467. und nun schreibet

man

der Spagyrischen Apotheken.

man 1667. seynd just 200. Jahr verlauffen/ ehe die Prophezeihung erfüllet worden/ und weilen solches geschehen/ und nicht ein einiges Jahr gefehlet/ und so just eingetroffen hat/ als hab ich guht erachtet/ der Mühe wehrt zu seyn/ diese Historia, gleich wie sie vom Bruschio beschrieben/ von Wort zu Wort alhier mit bey zu setzen/ auff daß jederman sehen müge/ wie Gott der Allmächtige fromme Leuthe so reichlich segne/ daß sie auch den Armen von ihren überfluß mittheilen/ und reiche Almosen geben können/ wie alhier bey diesen frommen Sigmund Wan geschehen ist; From ist er ohne zweiffel geweft/ Gott hette ihme sonsten mit solcher grossen Kunst nicht begnadiget; wehre er von böser Art gewesen/ und solch großes Guht durch seine fleißige Hand und Gottes Segen erlanget/ er würde ohne zweiffel Gott/ als seinen guten Geber bald wieder vergessen haben/ und der bösen Welt nach undanckbahr gewesen seyn/ und sein/ durch Gottes Segen erworbene Schätze übel angelegt/ und vieleicht Kastehlen/ Mord- und Hurenhäuser davon gebauet/ und keinen reichen Hospital, alte arme Männer und fromme Priester/ darinnen zu unterhalten/ gestifftet und erbawet haben. Wo findet man itzunder zu diesen Zeiten solche gute Menschen/ welche an die Armen gedencken/ und ihnen ein stück trocken Brodt zur notturfft reichen will geschweigen daß sie reiche Hospitalia stifften solten/ wie dieser

fromr

fromme Man gethan hat? Deren aber findet man leider mehr als zu viel/ welche der alten ihre auß guten Hertzen gestiffte Hospitalia verbrechen/ ihnen in ihrer Hoffarth dienende/ große prächtige Häuser davon machen/ und das Einkommen/ an ihren stinckenden Hoffahrt wenden/ und des frommen Stiffters nimmer eingedenck seyn; also hat sich die Welt verendert/ und verbösert/ und höret noch nicht auff selenger je böser zu werden: darumb auch Gott itzunder nicht mehr/ wie vor diesem gewesen/ die Erde mit Metallen segnet/ sondern die Schätze in der Erden/ umb der Menschen Sünde willen/ verhält/ und gar wieder abgehen läst/ wie dan an unterschiedlichen Orten in Deutschland/ da man viel ☉ und ☽/ wie auch ☉ und ☽ haltent Bley und Zinn zu bawen pflegte/ itzunder nichts mehr zu finden/ und alles verschwunden ist; wie in dem Städlein Wohnsiedel/ das Goldreiche Zin-Bergwerck/ wo von Sigmund Wan so viel Gold und Silber außgezogen/ nunmehro fast in 200. Jahren nicht mehr geben wollen; nicht weit davon in einem Städlein Goldgranach genand/ da zu selbiger Zeit das Gold in grosser menge außgegraben ward/ ist auch gantz versuncken/ das Antimonium als Wurtzel des Goldes/ wahr so heufftig/ daß es durch gantz Europa geführet ward/ nunmehr wird sehr wenig gefunden/ dazu fast ohne Gold/ welches zu vorsehr viel gehalten; also seynd auch die Ungerische

und

der Spagyrischen Apothcken.

und Siebenbürgische Goltreiche Antimonij-gruben/ welche für 200. Jahren florirten/ auß gezehret/ also daß itzunder fast keines mehr zu finden ist; nach solcher zeit hat sich das mächtige ☽ Bergwerck im Jochemsthal herfür gethan/ und eine ungläubliche menge ☽ gegeben/ davon Mathesius in seiner Sarepta weitläufftig schreibet; daselbsten man die ersten Thaler in Deutschland geschlagen/ da zu vor nur kleine Müntzlein geschlagen wurden/ hat aber auch nicht lange gewehret/ sondern Gott hat solches wegen grosser Undanckbarkeit der Menschen wider versincken lassen: Dieser Historien könte man viele beybringen/ daraus zu sehen/ wie Gott geben und auch wieder nehemen kan/davon diß mahl genug.

Folget hier auff die Beschreibung Bruschii von Sigmund Wan, und seinem Weib Barbara, welche das Gold und Silber vom Zinn zu scheiden wusten: auff daß man mich aber recht verstehe/ und wisse/ was ich alhier von Bruschii Historia anziehe/so sol der günstige Leser wissen/daß gedachter Bruschius dem gantzen Fichtelberg/mit allen angehörigen Fischreichen Flüssen und Bächlein/ Kastehlen/ Flecken und Städten/ welche dar liegen / beschrieben hat / fürwar würdig für den Liebhaber zu lesen/ und weilen Wonsidel der Ort /da das Zinn-Bergwerck erfunden/ davon Sigmund Wan so viel Gold und Silber gescheiden/ also rühret mich nicht an/

was

was Bruschius von andern Städten und Bergwercken weiters geschrieben / sondern hab nur dieses wenige von Wohnsiedel / darinnen die Histori von Wan begriffen / zum Zeugniß meiner gegenwertigen Schrifften anziehen wollen / die Lust dazu haben/ mögen das gantze Buch lesen/ welches zu lesen / es wohl würdig ist. Weiters hab ich auch guht gefunden/ des Herren Bruschii Carmina, welche er zu lieb Schlackenwalt seinem Vaterland / da itzunder noch das berühmte Zinn Bergwerck gebawet wird / gemacht hat/ mit hieher zu setzen / auff daß man sehen könne/ wie Gott die tieffe der Erden / mit grossen Schätzen erfüllet / und dem Menschlichem Geschlechte zu guhte an den Tag kommen läßt. NB. Die Teutsche Beschreibung Bruschii von den reichen und alten Zinn Bergwerck zu Schlackenwalt/ ist ausführlicher als diese Lateinische Carmina, dienet dem Liebhaber zur nachricht.

Von Wohnsiedel.

WOhnsiedel ist ein Städlein Marggraffen Albrechts von Brandenburg/ an der Reßlaw/ einem fast Fischreichen Fluß/ drey Meil vom Fichtelberg / drey Meil von Eger / und drey vom Hoff/ der Hauptstat im Voitland/ gelegen.

Man

der Spagyrischen Apotheken.

Man nennet es die Stadt mit den Marmelsteinern Mawren und Thürnen/ darumb daß die Stein/ so alda gebrochen werden/ dem Marmel (wie auch die Eichstetter seyn) nicht fast unehnlich seyn/ so sie poliert werden.

Das Schloß zu Wohnsiedel (ehe das Städtlein zu bawen angefangen ward) stunde den Edelleuten von Bogspurg/ oder wie etliche wollen/ von Vogtsberg zu. Dieweil aber dis nicht gute Haußhalter waren/ oder das Guht sonst hingieng/ wie es war hergangen (denn auch diß ein Raubschloß vorzeiten geweßt ist) musten sie das Schloß (welches ihr einiger Sitz war) Armut halben verkauffen. Es kaufft's aber umb 70. alte Böhmische Schock Burggraff Friedrich zu Nürmberg/ von Eberharten/ Henrichen und Ludwigen/ Gebrüdern von Bogsperg/ als man zehlt Anno Domini 1321. die Bogsperger seind hernach so arm worden/ daß sie sich haben ihrer Reuterey/ und wie man sagt/ aus dem Stegreiff nehren müssen. Daher ist das Ländlein umb Wohnsiedel in der Böckler arth genant worden/ vor welchen Namen auch die Kauffleute heutiges tages noch ein Schew tragen. Die Einwohner des Ländleins so offt sie dergleichen Reuber und Staudenhechtlers gedachten/ dorfften sie nicht bey ihren Namen die Bogsperger heissen/ sondern nenneten sie die Böcke/ daher hat das Ländlein den Namen behalten.

Das Städtlein Wohnsiedel ist von den Zienbergbergwercks wegen / so sich dazumal da reichlich erzeigt / aber doch bald widerumb fiehle / von Burggraff Friederichen zu bawen angefangen worden / im Jahr nach Christi Geburt 1328. Privilegia und Freyheit gab Keyser Ludwig der Beyer darzu. Dieses Städlein ist Anno Domini 1462. von den Hussiten (die sich schier gantz Teudschlandt dazumal understunden zu puchen) belegert worden / gleich am S. Georgen Tag. Die Bürger in der Stadt hetten einen Hauptmann Jobst Schirntinger genant / war ein statlicher Edelmann in Kriegßleufften und Gebreuchen wol geübt / dieser ordnet die Bürger auffs beste / und war überall selbst vorn dran / grieff die Sach mit ernst an / schuß weitlich hinauß gegen die Hussiten / und beschützt das Stätlein (welches dennoch mit ziemlichen Mawren und Graben bewart war) so Männlich und dapffer / daß die Hussiten mit schanden musten ablahn / und abziehen. Eben in diesem Jahr ist das schöne Kirchlein auff S. Catharinen Berg / so gegen dem Stätlein überliegt / in S. Catharinen Ehr gebawet worden. Denn nach dem die Bürger in der Hussitischen Belegerung von denselben Ort her geengstet wurden / rufften sie die Jungfraw S. Catharinen an / sie solt ihnen zu Hülff kommen / so wolten sie ihr eine Kirchen zu Ehren bawen / und nach dem sie überwunden / und den Sieg behielten / meinten sie / S. Catharina hette ihnen geholffen / hielten ihr

der Spagyrischen Apotheken.

ihr derhalben das jenige / so sie ihr zugesaget und verheissen hatten / und baweten ihr diese Kirche / so noch alda S. Catharina genant wird. In diesem Kirchlein ist auff dem hohen Altar die Historia der heiligen Jungfrawen Catharinen / auffs schönst und künstlichst gemahlet: Dieser Taffeln hab ich mich nie satt sehen können / so schöne liebliche Holdselige und lebendige Bilder hat sie / wird zu Wohnsiedel von einem Ersamen Raht noch bewahret. Das Städtlein hat nichts von sonderlichen Gebew / denn ein herzlich und reich Spittahl / welches gestifft und gebawet ist / Anno Domini 1467. von einem der Stadt Bürger Sigmund Wan genandt / doch da er das Spittahl gestifftet hat / ist er ein Bürger zu Eger gewesen. Dieser hat ein Weib Barbara genandt / war eine Venedigerin / in der Alchemey hoch erfahren / kund das Silber und Gold vom Zien scheiden / überkam damit unzehlige grosse Reichthumb. Und sintemal er kein Kind hatte / bawet er dieses Spittahl / machet die Herren von Eger Schutzherrn darüber / gab denen eine grosse summa Geldes / davon gaben die von Eger alle Jahr ins Hospitahl gen Wohnsiedel 410. Goldgülden / zu unterhaltung Zwölff erhlicher armer alter Männer / und drey Priester. Bey gemeltem Spittahl ist ein fast schönes Kirchlein / hat gemelter Wan auch gestifftet / darin hangt noch heutiges Tags ein Täfflein / darauff beyde des Stiffters / und Stiffterin Abconterfeyung gesehen/ und Zeit und Stunde (wenn sie aus diesem Jammerthal ohn zweiffel zu dem Himlischen Frewden gewandert seyn) gelesen werden. Dieser Sigmund Wan hat auch zu Eger einen herzlichen Thurn an der Pfarzkirchen zu bawen angefangen/ nach dem aber das Fundament (welches noch alba stehet/ fast zweyer Mann hoch über der Erden) zu schwach war/ ist es verblieben. Er hat zu Eger gewohnet/ und sein Arbeit verbracht/ in dem Hauß/ da heutigs tags noch Herr Andreas Gräff/ einer des Gerichts alda wohnet.

Auß dieser Historie ist zu sehen/ daß erfahrne Männer in der Welt gewesen/ welche durch Kunst aus den geringen Metallen guth ☉ und ☽/ mit grossen Nutzen haben scheiden können/ unter welchen dieser Sigmund Wan, der geringste nicht gewesen/ weil er das Gold und Silber aus dem wilden Zinn hat scheiden können/ welches sich sonst im Feur nicht gerne handelen läst/ dennoch nach guten Verstand des Künstlers sich gleichwohl geben/ und sein bey sich habendes Gold und Silber/ wie aus nachfolgenden/ zu sehen/ folgen lassen muß.

CASPARI

CASPARI BRUSCHII

Encomion Hubæ Slaccenwaldensis,
Montis inexhauſtas albi plumbi mineras
continentis, verſu Heroico.

Qui putat eſſe novum veterum vel prorſus ab uſu
Scriptorum vulgari alienum aut vatibus impar
Verſibus aut montes cantare, aut dicere colles,
Præcipuè naturæ aliquid quos ſcimus habere
Conditæ, & ex ſeſe fluvios effundere dignos
Laude, aut theſauros alios in ventre tenere,
Quos DEUS in noſtros uſus, vitamque creavit,
Fundamenta ſui jaceret cum totius orbis:
Id qui forte novum vęluti miratur & optat
Cauſas noſſe, quibus conatus tractus in iſtos
Non teneros potius juvenum deſcripſerim amores.
Quales Naſo canit reliquorum turbaque Vatum,
Gallus, Acidalia celebriſque Propertius arte,
Et quem clare tulit cultum Verona Catullum:
Is legat Andini doctiſſima ſcripta Maronis,
Invenietque rogos Ætnæ, flammaſque furentes
Heroo dictas verſu, verſuque perenni
Quem nec avara dies (quæ deterit omnia) rumpet
Nec poterunt undæ nec edaces perdere flammæ.
Vos igitur juvenis qui talia ſcripta Poëtæ
Vel legitis vel judicium de carmine fertis.
Deſinitote rei tanquam novitate moveri
Quæ fuit antiquis etiam ſervata diebus.
Ergo meo linguis, animiſque favete labori
Quo charæ imprimis patriæ volo gratificari,
Mentis & exercere aciem ſtudiique vigorem.
Quamvis hac etiam laudi ratione DEorum
Conſulitur, quam nos cerrè decet uſque tueri:
Cum ſit finis is hac humanæ cauſa cohortis
Factæ ac diſpoſitæ præſentis ad ocia vitæ.
Ut taceam, quod & hic Naturæ arcana latentis

Commemorantur & ante hominum ponuntur ocellos,
Quæ forsan DEUS & Natura abscondere cœcis,
Ne nobis essent vitiorum causa, malorum,
Aut irritamenta, ut sunt, voluere tenebris.
Aut DEUS in nostros fortassis condidit usus
Hunc cum sideribus lucentem condidit orbem.
Nec dubito quin præclarè mereantur & illi
De genere humano, quibus explicuisse Deorum
Res pulchrè ornatas præclarum aut dulce videtur.
Ordiar ergo, jugumque canam quo Teutonus orbis
Non habet & stanni plumbique feracius ullum.
Tu mèa Phæbe impelle furoribus ora sacratis
Nec quem juvisti toties nunc desere vatem.
Qui cupit ad fontesque tuos ascendere castos
Ac haurire tuæ dulcissima pocula turbæ:
Sunt salubres longo qua terra Boemica tractu
Sese aperit, fama notæ usque ad sidera Bajæ;
Carolus his quartus nomen dedit, ille ferarum
Venator latebras exquirens fertur easdem
Ut primus vidisse, ita toto primus in orbe
Sumtibus excoluisse suis, ornasse locumque
Libertatibus ob tepidas absque ignibus undas
Quas Natura coquit ferventis sulphure Solis
Accenso radiis mediâ telluris in alvo.
Talibus à Thermis non est procul urbs mediocris
Slacconis authoris nomen de nomine primi
Accipiens, antiqua docent ut scripta vetustis
Observata locis. Addas cognomina Sylvæ
Slacconis, appellabitur hac cognomine Sylva.
Patria chara mihi, miseræ cui debeo vitæ
Istius auspicium, cui debeo denique cuncta
Quæ debere potest aliquis Natalibus oris.
Vallibus illa bis est amplis inclusa duabus
Quorum quæ prior est Schönfeldum attingit, eodem
Munere præclarum longeque vetustius, à quo
Jura petunt aliæ, quibus est excudere stannum
Et labor & studium: quam latè Teutona turba
Et puteos telluris adit vestigat & urbes.

Turribus hæc altis non est circumdata muris,
Qui possent hostes arcere, repellere tela,
Atque laborantes intus defendere cives.
Mænia non illic, non propugnacula surgunt:
Non arces, quia pax in ea dominatur, & armis
Nullus ibi locus est: non hostes atque tumultus
Barbara terra fovet, verum aurea tempora pacis
Diligit & magnæ scrutatur viscera matris,
Est urbs divitiis toto notissima cœlo
Candida quam spargit latè sua lumina Phæbe,
Has neque per fraudes aliquas artesve malignas
Ut fortasse solent aliæ, per aromata prava
Aut allata peregrinis per vellera terris
Per piper atque Crocum, quod Eois fertur ab Indis
Sed virtute suâ vigilique labore paravit.
Dum terræ venas latebras & opaca recludit
Obscurisque locis abstrusa perambulat antra.
Ac ita sub telluris agit testudine crebras
Ac infinitas fossas, mireque profundas
Speluncas, ut ad Antipodum mox tecta domosque
Oppositas nobis videatur posse venire
Vel Phlegethonthæi tumidam Plutonis ad aulam.
Scilicet ex illa Schönfeldum versus ituris
Obvius est tractu longo mons arduus : HUBAM
Patria turba vocat. Non exhauribilis albi
Thesaurus plumbi, cererem è quo Teutones omnem
Haurimus, bibimusque siti impatiente coacti.
Ille suos gratâ dominos pietate beavit,
Præmia proque habitis dedit ampla laboribus annos
Ac adeo longos, ad eo constanter, ut illi
Ne similem possis monstrare aut dicere, quamvis
Fertilis innumeros habeas Germania montes
Auro famosos, argento omnique metallo.
Ac multis adeo fuit hæc fortuna secunda
Inferiore loco modicisque parentibus ortis
Mæonios meritò valeas ut dicere Crœsos
Qui vel Dulichio prius Iro pauperiores
Extiterant (adeò fortuna volubilis errat

Passibus ambiguis) namque hunc modo deprimit, illum
Evehit, ac iterum cum vult detrudit eundem
In nimium miseras ex amplâ sede ruinas,
Exuit ac opibus benè quem vix induit amplis.
Quin etiam cujus ditioni est subditus, Heros
Cui dedit æratum titulos & nomen aratrum
Justitiâ nulli, nulli pietate secundus
Dexteritate, fidè ac meritis ad sidera notus
Albis & Egra rigant quam latè flumina Boêmos
Scilicet ille etiam titulo dignissimus omni
Ex hoc innumeros thesauros monte recepit :
Effodiuntur enim venâ quam divite nusquam
Istius è montis puteis diversa metalla :
Horum candidius plumbum esse frequentius ipso
Hoc in monte solet : nusquam numerosius atque
Dignius eruitur fulvo aut opulentius auro.
Ausones id norunt & Gallia tota fatetur
Brachia quàm latè sua nobilis Adria tendit
Ac Antenorei dives fluit unda Timavi
Qua fluit & Rodanus, quàm late Sequana Phœbi
Nobilitatus aquis Celtarum terminat agros.
Hi segregant stannum ac auri prædulce metallum
Divite Vulcano flammis ac igne subactum.
Sed quæ Causa metallorum sit materiesque
Id Sophiæ partim describunt dogmata nobis
Mentibus humanis partim Deus indidit author
Cunctarumque creator opum terræque marisque
Rector & æthereâ princeps dominator in aula
Qui pœnas statuit reprobis ac præmia justis.
Stannum sulphuris est modici mixtura, levisque
Argenti vivi. His accedit crassa vaporum
Materies è terra ortorum ac sulphureorum.
Hæc ita miscentur pulchrè tellure sub imâ
Ac solis radiis agitantur & igne coquuntur
Æthereo, donec coalescat tale metallum.
Nam prisci veluti vates Sophiæque Magistri
Commemorant testatur & experientia rerum
Terra metallorum est mater, quia continet illa

Ventre

Ventre fovetque suo. Titan pater ille calore
Vique suâ vegetat sub terræ nata profundis
Visceribus. Generant naturam scilicet ipsis
Sulphur & argentum vivum : ex his omnia fiunt
Quæ toto fiunt generantur & orbe metalla.
Quorum quod prius est terra est subtilis & aër
Pinguis : in effigiem solari lumine coctum.
Posterius terra est valde subdilis, aquarum
Assumens aliquid gravium. Ac urentis idipsum est
Sulphuris & solis fervente calore coactum.
Ex his omnia sub vasta tellure metalla
Conflantur, quæ sunt irritamenta malorum,
Et quo purius est sulphur, quo purius atque
Argentum vivum, quanto & perfectius illa
Purgantur solis radiis, solisve calore
Omnia lustrantis, tantò solet esse metallum
Purius ac præstantius ac subtilius ipsum.
Hæc noster quia puta nimis mons continet iste
Et pravi nihil admittit crassique vaporis
Ipsum etiam stannum tenerum solet esse, magisque
Nobile, quam reliquis suè locis regionibus. Atque
Mons rectè jacet, Eoos erectus ad ignes
Non Sylvis gaudens varieque frequentibus antris
Expositus Soli, sævo solisque calori
Quo sic venarumque viæ fibræque coquuntur,
Ut melius possint dein respondere colonis
Qui semper cupiunt, nunquam satiantur avari.
Hunc si conscendes, fortassis amore videndi
Res & mirandas & visu ac nomine dignas
Tot nova scilicet & vetera instrumenta videbis
Totque casas, quas verius & tentoria dices
In quarum medio funis ductarius urnas
Fortibus actus equis circum perducit ab imo
Ad summum putei decusso monte refertas.
Totque moletrinas, fabricas tot saxa novasque
Res, quibus apta dari vix possunt nomina, quas nec
Viderunt veteres. Certe mirabere, quorsum
Talia pertineant, ad quos prosint ue labores,

C v

Aut quibus ufibus inftaurentur: Paulo videbis
Poft, opera & ftudia ac adeò diverfa, nec unquam
Vifa fub hoc toto prius æthere. Scilicet illic
Turba metallica Perfephones illabitur antris
Perputeos, & ibi foffas agit, atque lapillos
Excindit, quos mox tractoria machina furfum
Viribus è puteo juvenum rapit acta duorum
Sive trium. Videas fudoribus eruta faxa
In cumulum congefta pyram velut igne cremari
Atque ita molliri vulcano, ut deinde minori
Poffint contundi & tolera biliore labore
Grandia frangendo in tenues mutentur arenas
Saxa, repurgentur quæ mox fluvialibus undis:
Sic quæ pondere funt leviora minufque futura
Utilia, abforbentur aquis: fed quæ meliora
Illa fedent imo (cum fint graviora) barathro,
Atque manent. Hæc illyriâ pice funt nigriores
Qui lapides fuerant prius amplæ molis arenæ.
Quæ nigra funt gravioraque: confervantur, at alba
Ac leviora molas extra congefta jacere
In tumulo videas, donec labor ifta fecundus
Perquirat, fi forte boni quid inhæreat: ac fic
Cuncta ad perfectum lavet ac examinet unguem.
Nigra folent patulæ fornacis in igne liquari
Inque albi plumbi maffas ac frufta refolvi.
Tales quotidiè videas hic effe labores
Ac exerceri nullo non tempore ab illis
Contempta quos pauperie juvat ire per altum
Et cum fortunâ criftas attollere lætâ.
Nec fecus incumbunt operi duroque labori
Quam formicarum folet agmen, apumve propago
Parvula. Formicæ patitur dum temporis ætas,
Dum calidi fplendent foles, & gramina terras
Obducunt, flavifque æftas exultat ariftis:
Farra legunt, parvis humeris congeftaque grana
In terræ caveas notiffima tecta reponunt
Pro fe proque fuis. Gelidæ ne tempore Brumæ
Quando breves foles & hyems glacialis eidem,

der Spagyrischen Apotheken. 43

Non inſtare ſinunt operi moriantur egenæ.
Sic & apes æſtate noua, dum plurima circum
Floret ubique ſeges, tellus dum procreat herbas
Et violæ molles & candida Lilia ſurgunt:
Per ſummos volitant apices & ſingula libant
Ac rorem cœlo lapſum ſuccosque ſuaues
Floribus eliciunt ex his fragrantia ſummo
Mella labore legunt, in caſtraque cerea trudunt
Et dulci tandem diſtendunt nectare cellas,
Ignauumque abigunt longo pecus ordine fucos.
Sic etiam quorum foditur ſudore metallum
Conatu & ſtudio nunquam ceſſante laborant
Ignauosque procul pellunt velut ocia amantes
Atque libidinibus Cereri Bacchoque vecantes
Talibus ergo parum tantiſque laboribus aptos:
Alter enim venas, extenſaque brachia quærit
Venatum, diuina ſibi quas virgula monſtrat
Solis ad Eoos dum prouidus ambulat orbes
Sollicitusque videt, quod inclinatura caput ſit
Paruula theſauri latitantis conſcia virga.
Alter emit partes foveæ, quas vendidit alter
Atque reliquit ut aut ſteriles, aut utilitate
Non reſpondentes operæ duroque labori.
Partibus his ſolet interdum diteſcere ſpretis
Cui placidam fortuna magis ſe præbuit, alter
Pauperie qui nuper erat vel preſſior Iro.
Sic regit hos etiam cœli clementia montes
Quæ certo duodena regit moderamine ſigna
Atque gubernat id omne ſacri munimen Olympi.
Alter agit foſſas ac ſaxa metallica monte
Decutit. Hæc alius multo ſudore foramen
Ad putei trahit ac ſitulos ingentibus implet
Molibus hos ſolet ex atris traxiſſe tenebris
In patulas auras rudis ac robuſta iuuentus.
Quæ magno rurale ſolet reſonare boatu
Carmen, ſtentoreaque ſuis placuiſſe puellis
Voce cupit. Phæbi ac Muſarum ignara iuuentus
Nata laboribus & rebus Seruilibus illas

Præ-

Præposuisse solet Phœbi doctæque Minervæ.
Ac utinam tali quoque scrutaremur amore
Scripta Prophetarum, Sanctorum dogmata patrum
Verba voluntatemque D E I : cœlestia nempe
Ac sanctas animas facientia dia metalla.
Quæ (quantò plumbum est argento vilius : aurum
Dignius argento, præstantius & mage gratum)
Tantò nobiliora auro argentoque putari
Debent à nobis & haberi. Quantaque distant
Inter se spatia hæc tellus cœlestis & orbis
Æterno distant æternaque gaudia luctu :
Tanto absunt telluris opes, cœlique metalla
Inter se spacio : quanto lux atque tenebræ
Dura silex, fulvo radianfque Chrysolitus auro.
Nemo tamen miratur opes venasque recludit
Biblia quas monstrant superique volumina cœli
Scripta Dei digitis. Istas rarissima turba
Curat opes terræ potius miramur honores,
Et quæ debebant nobis abscondita forsan
Esse voluptatum dum sunt fomesque malorum.
Hæc nos exuimus studio summoque labore
Sæpe in perniciem nostri quoque sanguinis. Et quam
Cogitat id jam jam nimium rarissima turba ?
Natus Jessæâ C H R I S T U S de virgine, summi
Filius ille D E I , cujus nos sanguine sumus
Participes vitæ, civesque novemplicis aulæ.
Scilicet is sua dogmata nos noctesque diesque
Scrutari jubet & cœli cognoscere numen.
Scripturasque vocat testes, quia testificentur
De se, de meritisque suis, de morte, perennem
Quâ vitam peperit cunctis credentibus in se.
Hæc si tu foderes etiam preciosa metalla
Patria clara, mihi nimium gratissima tellus :
Si scrutareris patrii mysteria cœli,
Ac res æthereas generis pia semina nostri :
Ah felix esses nimium, nimiumque beata,
Ergo agnosce Deum vitæ rerumque parentem.
A cujus bonitate fluunt quæcunque decori

Aut

Aut aliquid bonitatis habent. Hunc dilige toto
Pectore & huic offer totam te. Scilicet ille est
Qui fœcundat agros, venas telluris & omne id
Quod spectamus opus, quam late mundus uterque
Solis lustratur radiis, lustratur & igne
Omnia quo totum redduntur viva per orbem
Clara equidem es stanni seu candidioris acervis
Perpetuis plumbi : DEUS autem conditor horum
Aufferet hæc à te præstantia munera, si te
Senserit ingratum meritis pro talibus esse.
Nam quot præclaras urbes lugere videmus ?
Amissum propter decus, amissumque metallum
Quo viguere olim. Quid si te pæna maneret
Hæc eadem, quod Dii potius tamen omen in ipsum
Convertant. Ergo his exemplis docta Donantis
Verba fove superi. Veniet mox temporis ætas
Ultima, cum terris qua corruet omnibus æther
Quicquid condidit & causæ sapientia primæ
Causarum merito quæ perfectissima fertur.
Ac ut cunctarum rerum, venit ægra senectus
Mole sua quia nunc & majestate laborat
Mundus & ingentem secum traxisse ruinam.
Cernitur aëri à cœlestis ab arce Tonantis :
Sic quoque (ne dubita testantur id aurea cœli
Sidera & humanæ scelera & peccata cohortis)
Præ foribus telluris ad est exhausta senectus :
Nam se non adeo solet hæc præbere benignam,
Quam se præteritis felicem præbuit annis.
Ergò aliquem vitæ finem est extare necesse
Istius ac restare aliam, quæ longius istam
Vincat & exuperet. Magni tu conditor orbis
Hanc famulis largire tuis, largire ministris
Ad tua confugimus miseri qui templa, tuamque
Imploramus opem, nostrasque agnoscimus omni
Perfidiâ sordes ac impietate refertas :

Hactenus Bruschius de Slaccowalda.

D. D.

D. D.

De Halitu Minerali, quem metallici vocant den Schwaden.

AUTHORE
M. Zacharia Theobaldo, juniore.

I.

Fertilis hæc Doctorum virorum ætas non modô ambulacra maximè præceptoris omnia perreptavit, sed juxisse inscrutabilia naturæ adyta rimari voluit. Testantur hoc artes, loquuntur Scientiæ, declarant scripta doctorum. Quid ergo? nihil tentandum? absit. Nam malè de naturâ censet, quicunque illam uno aut altero partu effectam esse arbitratur.

II.

Hæc cum aliis causis haud levibus me, aut aliquid ὡς ἐν τύπῳ γύμαῖ@ κάἐιν, de halitu illo minerali, quem Germani vocant den Schwaden præsertim Schlaccowaldensium fodinarum (nam in aliis locis pro metalli varietate, ut videre est in metallicis venis montis Cuthnæ, alius esse potest) conscriberem, impulerunt quod jam missis longis ambagibus faciam.

III.

Antequam autem ad rem veniam, quædam præmittere & volo & debeo; ut aures Philosophorum

der Spagyrischen Apotheken. 47

phorum morofas placem, quorum primum eſt:
Naturam hujus halitus ex natura deleteriorum
non eſſe quærendam, aliàs ad nullam certam
ſufficientemque cauſſam, quæ animum noſtrum
cognitionis τῇ φύσει cupidiſſimum explere po-
teſt, perveniemus. Variæ ſunt peſtes & mille
nocendi artes, nec ſolùm Pontus fert vegetabilia
venenata, vel juxta Homerum Ægyptus, ſed &
Saxonis arva ſoli, aut Alpes Bohemiæ patriæ
meæ. Quid? quod Mel dulciſſimum ſed ex eo
venenum præſentiſſimum parare nullius artis eſt.
Et hoc multis ſine juſtâ, multisque nominibus
neceſſariâ occultatione harum rerum probare
nequeo. Ea propter ſtatuo ex metallo quod illo
in loco foditur, venenatæ illius exhalationis na-
turam eſſe cognoſcendam: Alium enim halitum
& minus noxium plumbi, per nitroſiorem verò
hydrargyri ſpecus, gignunt & producunt, ceu
experientia mater artium comprobat. Hinc in
Bohemia non procul ab urbe Myſa ſunt fodinæ,
quas vocant die Katzen/ quæ omnes metallicos
ultra ſemeſtre in illis opus facientes, membris
captos à laboribus conſuetis arcent.

IV.

Inſuper ſciendum eſt, mineralia volatilia ve-
nenata eſſe. Mercurius ſublimatus ſive exaltatus
quale ſit venenum ſcribere, quàm per experien-
tiam diſcere malo. Arſenicum volatile venenum
plus quam Gorgoneum, ſed fixum tuto & ſine
periculo in aſmate aſſumitur. Hinc Libavius in-
quit:

quit: salubriter assumimus mineras venenatas, si alas præcidimus, ne volare possint.

V.

His præmissis ad definitionem me conferam. Cumque alia sit ἐννοηματικὴ: alia τȣ πϱάγματ@·, de ambabus agam. Ad etymologiam igitur quod attinet, appellationem hujus, de qua agimus, re invenire nondum potui, si à Libavio discedo, qui halitum vocavit mineralem. Goclenius pestilentes halitus, cum adjectione Germanicæ vocis Schwaden/ indigitavit. Quapropter æquus censor id mihi vitio non vertet, qui eandem vocem Germanicam, majoris lucis ergò, inscriptioni apponere, exemplo aliorum, non erubui. Quid autem significet halitus vocabulum, sciuntii, qui gustum saltem τῶν λόγων μετεωρολογικῶν habent, quò eos etiam remitto. Nam positiones, non commentarium scribo. Minera metallorum matrix est, locusque patrius. Zabarella per mineras omnia intelligit fossilia metallaria, quæ mineralia ab aliis vocantur. Medici per hoc nomen intelligunt illum locum, ubi materia sita est: sic dicunt minera morbi. Sed nos in præsenti διασκέψει sumimus cum Zabarella in illa significatione, quæ sub se comprehendit omnia fossilia.

VI.

Definitionem rei talem pono. Halitus ille mineralis est crassus arsenicalis vapor, vi caloris summi

summi in fodinis stanniferis ex stanni fecibus ortus.

VII.

Divisionem nullam invenio. Nam idem specie, numero modo diversus invenitur. Quicquid autem forma non differt, speciebus quoque oppositis, in quas rem unam quamque dividimus, destituitur. Quid? quòd sicut nubes hæc ab alia non differt specie: nec aqua Albis, quæ est hic Witebergæ abilla, quæ Magdeburgi aut in Tibridos alveis rapidive Oaxis: sic etiam hi halitus.

VIII.

Sed ut res fiat magis perspicua, causas unâ indagabo & primo efficientem. Sola autem causa est calor & non subterraneus, qui quidem circa meam patriam, ob loca bituminosa (ceu thermæ Carolinæ rem probant) multus est sed is, qui venit ab igne, quo metallurgi saxa solido adamante liceat ita loqui) duriora molliunt: is enim non in tertio, non quarto, sed super omnem gradum est: imo major illo, quo calcis utuntur coctores. Nam 20. ulnas explicatas sive majores ligni fagini uno tempore accendunt; Hic audire est bombos, quos edunt rupes dissilientes, hic calore penetrante nimio, fragores. Quid ergo mirum? si calor nimius à lapidibus segrogat arsenicum connatum? Nam strues lapidum ærosorum ignibus subjectis tosta, terraque contecta, in superficie

ficie suâ summâ summam relinquit arsenici sulphurati copiam.

IX.

Nec est quod nobis objicis illud excrementum lapidum metalliferorum esse minus noxium. Nam aër purus & libera avolandi copia, malitiam corrigunt, ex parte. Imò diu iisdem in locis hæsitare nolo, aut illam materiam intra corpus sumere, quâ mures, muscas, canes, interficere quivis potest. Quid opus est verbis? stannum nimio calore pennas accipit, & venenum est maximum propter solam arsenici vim. Hinc mirum non est cur toti sint iis in locis phthisici, cum ille venenatus halitus pulmones exulceret, multos catarrhos progeneret, qui vel sunt intra calvariam vel extra: si intra cranium sunt, descendunt, & vel stomachum (hinc nausea) petunt, vel pulmones (hinc phthisis) irrigant. Si extra cranium sunt, tunc accedente putredine aliquâ caput fit scabiosum, vel si descendunt in membra, tunc arthritis podagra, & ligatio omnium membrorum nascitur.

X.

Παγγέλιοι pro in sunt, qui contra hoc venenum mane propinant fossoribus butyrum, ut videlicet pinguedo retineat. Nam ad pulmones quomodo butyrum descendet? Insuper per totum corpus aerem haurimus.

XI.

Materiam hactenus exspirationis esse vaporem
multo

der Spagyrischen Apotheken.

multo arsenico mixto indubitanter credo. Nam lapides illos ærosos veneno illo abundare probant experientia & oculi, qui in furni concavitate illud vident. Multi volunt cobaltum adjicere, quod ego non nego, sed primas do soli arsenico.

XII.

Hinc opinionem illorum nauci pendent emunctioris judicii viri dicentium: ut aër putritus & corruptus (qualis deprehenditur tempore pestis; aut in puteis longo tempore contectis) deleterium est, hominesque interficit: sic aër corruptus in cavernis terræ tale gignit venenum. Nam stante hac opinione nunquam tuti erunt metallici à metu hoc, qui aliâs exigui mercedis gratia summis cum laboribus vitam circumferunt venalem. Ego certè mallem decies stare in acie & cum hoste pugnare, quam semel loca jugis veneni videre vitamque inglorius amittere: Nullo enim non momento evolarent & obvium factos perimerent. At hoc falsum: sciunt nempe metallurgi tempus spaciumque temporis ad aëris purgationem necessarium. Quid? quod aër etiam illis in cavernis movetur, agitatur, purgatur. Imò ipsemet tam purum aliquibus in locis Schlaccowaldensium cuniculorum inveni, ut puriorem in terræ convexo desiderarem.

XIII.

Dicis forsan. Crederem si non sulphur in spitaculis furnulorum metallicorum reperiretur. At heus tu? Simplex ne sulphur? Nonne arseninicum separare possum? Quapropter illud fornacibus adhærens venenum arsenicum sulphuratum est. Facilime à sulphur & arsenicum commisceri sciunt illi, qui ex arsenico antimonio & sulphure lapidem fecêre dulcissimum.

XIV.

Adhuc dubitas forsan, cum credere non possis, quomodo tanta possit adesse arsenici copia, si solum modo in extremitate lapidum à lapidibus secernatur? At ego dico calorum illum maximum etiam in medulla, ut ita dicam, lapidum ærosorum in arsenicum agere & facere ut evolet. Nam si per tres alembicos transeunt spiritus, quid obstabit quo minus per lapides poris abundantes? Natura cauta viam monstrat, & educit non prohibente lapidum soliditate. Quid in empyicis pus per urinam, vel alvum, ceu ipsemet vidi, excernitur. Quis antomicorum vias illas occultas vidit? Natura inscrutabilis, natura inquam, invenit & per illas materiam nocentem educit.

XV.

Dicis: omne solidum densum & durum est; si itaque lapides solidi sunt duri ac densi erunt, prohibebuntque transitum corporis arsenici cum penetrationem non concedant. At heus? Spongia est ne solida? Est certè. Aër & ignis sunt ne corpora solida? lectis certe ingeniis sunt. Cum tota sphæra ignis vel aëris sit sui plena non alieni. Vide sis Scaligerum exercit. 76. sect. 1.

Quam

der Spagyrischen Apotheken. 53

Quam tu duritiem vel denfitatem illis in corporibus invenis. At φανερώτατα φανερῶν nolo.

XVI.

Forma quæ ex mixtione vaporis cum arfenico, oritur plane ignoratur. Ideoque debitum hoc in loco naturæ venatori & fpeculatori diligenti perfolvere non poffum, cogorque pignoris loco relinquere ingenui candidique animi verbum NESCIO. Obiter fciant curiofime ftatuere arfenicum realiter à vapore non differre, cum propter mixtionem unum fint corpus, unamque formam confecuti. Valeant ergo qui putant arfenicum manere arfenicum; & communicare faltem vapori vim nocivam.

XVII.

Finis hujus halitus eft proprius purgare ftannum ab arfenico, & auferre deleterium peffimum. Per accidens autem interficit homines incautè ad venenatum illum vaporem accedentes. Nam non hoc fine eft, ut homines interficiat, fed ut eis proficiat: nihil enim eft in rerum natura, quod non ad ufum aliquem hominum, ut homines propter DEUM funt conditi, tendit. Si ergo aberrat à fuo fine non per fe fed per accidens agit.

Et hæc de natura halitus venenati confcribere volui.

gen Bergschwaden mit bey gesetzet / ist geschehen/ des Zinß Natur und Eigenschafft / den unwissenden desto besser bekant zu machen. Dan jederman wohl bewust ist / daß alle unreiffe Metallen, wan sie aus den Ertzen / mit gewalt des Feurs ausgesmoltzen werden / einen gifftigen amsenicalischen Schwaden von sich geben: und ob wohl im schmeltzen der Ertzen viel gifftiger Rauch davon gehet/ so behalten doch die metallen auch nach dem schmeltzen noch eine gifftige Art bey sich / und sonderlich das Zinn; dan wan man Wein des Nachts in einer neuen zinnern Kannen oder Becher stehen läst / so machet er Vomitus, wan er nüchtern getruncken wird ; des gleichen thut auch das Kupffer / Bley weniger/ Eysen purgieret gar lind unter sich/ und ist den Menschen gesund/ benimbt die Obstructiones, dan das Eysen nur fixen Schwefel / und keinen flüchtigen Arsenicum, wie das Zinn bey sich hat. ☉ und ☽ haben weder Schwefel noch Arsenicum bey sich / dahero auch ein Wein/ wan er darin gestanden nicht verendert wird : wan wir das wissen / daß bey dem Zinn noch etwas gifftiges Arsenici ist / dahero der Wein/ so darin gestanden ungesund/ hergegen in ☉ und ☽ gestanden / nicht alteriert wird / und wie auch gehöret die Ursachen / warumb er nicht alteriert wird / nemblich/ weilen das ☉ und ☽ von allen stinckenden verbrenlichen Schwefel und Arsehico. gereiniget ist ; wan wir dan haben wollen/
daß

der Spagyrischen Apoteken.

daß das Zinn nicht mehr gifftig/ sondern dem ☉ und ☽ gleich/ alles superfluum ablege / so muß es durch Kunst geschehen / dan man ihme so lange keine Zeit gelassen/ daß es durch die Natur in der Erden wehre gethan worden. Wir sehen daß der ♃ also per se kein Gifft ist/ sondern erst zu einem Gifft wird/ wan man ihme scharffe Salia zusetzet/ Sublimiret/ oder sonsten darmit tractiret/ daß er erst gifftig und flüchtig gemacht wird. Dieses ist nun gnugsam bekant / und glauben es alle Chimici, warumb glauben sie dan dieses nicht auch/ daß es mit dem gifftigen Arsenico und Kobolt/ auch eine solche beschaffenheit habe / nemblich/ daß das Arsenicum kein Gifft wehre / wan es von Natur/ nicht durch die gifftige Saltz-Geister in der Erden wehre gifftig gemacht worden: und wan es also gifftig in grawer Ertz gestalt auß der Erden gegraben wird / so seynd wir nicht damit zu frieden/ daß es von Natur gifftig ist/ sondern machen es noch gifftiger / wan etliche solch es mit Zusatz des Saltzes sublimiren, solches weiß und klahr haben wollen : dan die Sältze allein/ wie wohl sie an sich selber nicht gifftig/ dannoch/ wan die mineralien damit tractiret werden / ursach der Gifft seyn : dan alles flüchtige

pigmento, und andern gifftigen noch flüchtigen Mineralien zu sehen; wan sie aber durch das Nitrum in schmeltzen figiret werden/ daß man dieselbige sicher gegen unterschiedliche Kranckheiten im Leib geben kan. Weil dieses nun sicher gehet/ und niemand dagegen sprechen kan/ also kan man urtheilen/ und sich dessen auch versichert halten/ wan wir den flüchtigen Sulphur und Arsenicum bey dem Zinn figiren/ daß es hernacher nicht mehr gifftig/ sondern dem Gold und Silber gleich Medicinalisch worden sey. Bleibet also dabey/ daß aller Gifft ursach/ die corrosivische Saltz-Geister/ welche auch die fixe Dinge/ flüchtig und gifftig machen/ sey/ und im gegen Theil/ wan wir den flüchtigen und noch unzeitigen Metallen, als Bley und Zinn/ ihre bey sich habende corrosivische Spiritus tödten und vertreiben/ daß als dan solche nicht mehr flüchtig/ sondern fix seyn müssen; die weilen wir dan wissen/ daß der verbrenliche/ und schädliche Sulphur der Metallen, allein eine Ursach ist/der imperfection, und solcher verbrenliche Sulphur keinen grössern Feind hat/ davon er getödtet und vertilget/ als den Salpeter/ dadurch er angezündet/ und verbrand wird/ und daneben auch keinen bessern Freund hat/ als den Salpeter/ welches also ausserlich anzusehen/ contraria zu seyn scheinet/ eber doch in Warheit nicht ist; dan wan der Salpeter den verbrenlichen Sulphur, bey dem Zinn anzündet/ verbrennet und zu nichte machet/

der Spagyrischen Apotheken.

machet/ so ist er ja sein gröster Feind/ wie kan er
dan auch zu gleich sein grosser Freund seyn/ dan
niemand zu gleich Feind und Freund seyn kan;
also kan es seyn: Wan der grobere Theil des
Zinns / als verbrenliche schädliche Sulphur,
durch den Salpeter angezündet und verbrant
wird/ so ist der Salpeter sein Feind/ weil er
durch ihn getödtet wird / dieweilen aber durch
diese thötung der Sulphur superfluum verbrand/
und des Zinß Sulphur incombustibile Aureum
nicht verbrandt / sondern nur vom untüchtigem
verbrenlichen schädlichem Schwefel geschieden
wird / also kan er auch sein bester Freund seyn/
dan wan der anzündliche verderbliche Schwefel
nicht wehre verbrant worden/ so hette der gute
unverbrenliche güldische Sulphur, von dem ver-
brenlichem lenger gebunden/ oder gehalten blei-
ben müssen; nun er aber durch den Salpeter ist
frey gemacht worden/ so kan er sich unverhindert
mit dem Gold und Silber vereinigen / und mit
zu ☉ und ☽ werden/ welches ihme zu vorn un-
müglich.wahr; ist also die verbrennung/ thötung
oder verderben des Sulphuris superflui, des Sul-
phuris incombustibilis, sein Leben und Erlösung
nach dem alten Sprichwort/ unius Corruptio,
scilicet Sulphuris superflui; alterius, nempe Sul-
phuris in Combustibilis, regeneratio: davon
Paracelsus sehr wohl schreibet/ da er saget/ daß
Verderben mache volkommen guth/ der böse ver-
berger müsse abgethan werden/ als dan komme

das

das gute an den Tag/welches dan alhier bey dem Zinn wahr gemacht wird/ dan so lange der untüchtige verbrenliche Schwefel/ noch mit dem unverbrenlichem vermischt bleibet/ so ist der gute güldische unverbrenliche Sulphur des Zinns noch gehalten/ und kan nicht zu Gold werden/ darumb er davon muß geschieden/wan Gold und Silber von dem Zinn soll außgezogen werden; welche scheidung / der beyden Schwefel aber nicht/ durch den gemeinen Salpeter / welcher dem Zinn zu vehement ist / und das Gute mit dem Bösen verbrennen oder verderben solte/ darumb ein Linderer und dem Zinn ein bequemer Salpeter gebrauchet werden soll / nemblich dieser/ so in dem Bley verborgen / welcher mächtig genug ist / den Sulpher Superfluum im Zinn anzuzünden/ zu verbrennen/ und den güldischen Fixen Sulphur loß zu machen/wie dieser folgende Proces erweiset.

Wan du gesinnet bist dieses viel Nutzen bringende particular, und zu gleich universal Werck anzustellen/ so soltu mit ehestem nicht zu geitzig seyn/ und solche mit viel Pfunden anstellen/umb bald reich dadurch zu werden / sondern du soltest erstlich ins kleine anfangen/ und mit ein/zwey/ oder drey Pfunden Zinß versuchen / und die Handelung davon erlehrnen und erfahren/ ob die Kunst guht/ und so viel ausgeben könne/ daß Mühe und Arbeit bezahlet/ und auch noch so viel darüber schiessen könte/ den Armen auch davon etwas

der Spagyrischen Apothecken.

etwas mitzutheilen. Findestu dan das Werck also/ dastu nach deiner Rechnung zukommest/ so kanstu dan nach deinem belieben das Werck so groß oder klein anstellen/ als deine gelegenheit leiden will: bistu aber zu ungeschicket/ und kanst nicht damit zu rechte kommen/ so gehe noch eine Zeitlang in die Schule/ und lerne mit Feuer umb zugehen/ oder scheide gahr darauß/ und gedencke/ daß du zu einer solchen grossen Nutzen-bringenden Feuer-arbeit nicht prædestinirt bist/ und scheide bey zeiten darauß/ auff daß du nicht vergebliche Arbeit thust/ Zeit und Kosten verliehrest/ und mit den verdorbenen Bier-brauwer klagen must/ das Hopffen und Maltz verlohren sey. Es ist nicht gnug/ daß man meine/ man könne es/ und thue es recht/ das wissen muß es thun/ und das meinen nicht; was ich alhier schreibe das ist nichts anders/ als die Warheit/ ich suche vor meine Persohn/ keinen Nutzen davon zu haben/ bin dessen/ Gott sey Danck nicht benötigt: wan ich aber noch jung und tüchtig wehre/ etwas zu thun/ ich solte nach meiner angebornen Art und Natur nicht faul seyn/ und die edele Zeit auff weichen Polstern zu sitzen/ zubringen/ sondern eine solche herrliche Gabe Gottes/ dadurch man sich und die seinigen nicht allein ehrlich in der stille/ ohne anderer Menschen nachtheil oder schaden/ ernehren kan/ sondern auch noch ein gut Theil überschiesset/ damit man den Armen zu hülffe kommen/ und ein Werck der Barmhertzigkeit an ihnen erzeigen kan / reumlich anstellen und treiben lassen/ auff daß ich unsern frommen in Gott verschiedenen Vorfahren Sigmund Wan gleich / ein reiches Hospital / darinnen ehrliche Männer/ in ihren Alter erhalten / und mit aller Notturfftigkeit versehen würden / stifften / und aufferbawen lassen; nun ichs aber wegen hohen Alters und Schwacheit des Leibes nicht thun kan / so muß ich solches andern zu thun hinterlassen; zweiffele auch nicht / Gott aller Menschen Hertzen Kündiger/werde dieses mein Wercklein dadurch viel tausenten in der Welt guten Nutzen haben / also erkennen / auff und annehmen / gleich wan ich mit eigener Hand groß Guht dadurch erworben / und solches unter die Armen außgetheilet hette/ und ist nicht daran zu zweifelen/es werden sich mit der Zeit /. neben den eigen nützigen geitzigen / unersätlichen Wölffen / auch einige genügliche fromme Menschen finden / welche dieses nützliche Werck anstellen und fleißig treiben werden; aber nicht zu diesem Ende grosse Schätze/ für andere zu ersamlen / sondern viel mehr den Armen gutes darmit zuthun / dadurch man Schätze im Himmel versamlet / welche (wie Christus unser Sehligmacher sagt) nicht von den Motten gefressen/ noch von den Dieben gestohlen werden. O wie wohl hat unser frommer in Gott entschlaffener Sigmund Wan gethan/ daß er seine mit eigener Hand und sauren

Schweiß

spagyrischen Apotheken. 61

ines Angesichts erworbene Schätze/
eiz Teuffelen gleich/ in die Erden
dern dieselbigen Gott seinen Herren/
empfangen / durch die Armen wie-
geopffert hat / besser hat er ja nicht
/ denn alles was wir alhier auff der
rmen thun / dasselbige nimpt Gott
/ gleich als wan wir solches ihme
hetten/ wil doch Christus keinen
Wasser / welchen/ wir alhier einen
Armen geben / im Himmel unbe-
/ daran aber die Gottlose Welt-
edencken/sondern alles in ihre eigene
änste einschlucken / und auffressen/
m Uberfluß / die Krümen/ so von
en fallen / den Armen nicht gönnen/
sätlichen vielfrassen Bestialische
he / werden einmahl einen solchen
jener Reiche Geithalß empfan-
Christus bey dem Luca am 16. Cap.
arten haben / dafür Gott alle from-
gnädiglich bewahren wolle/ Amen.

ROCESSUS.

Gold und Silber mit
ssen Nutzen aus dem
Zinn zu scheiden.

einen Treibscherben oder abgeath-
pelle unter einem Müssel 1. 2. 3.
nimm

mehr oder weniger Pfund Bley/ und laß solches
glüent werden/ trag als dan 1. 2. oder 3. Loth
Zinn darauff/ so wird sich das Zinn unartig
stellen/ auß dem ♄ auffsteigen/ und sich der Sul-
phur des Zinns von dem Salpeter des Bleys
entzünden/ und zu einer gelben Aschen werden/
welche mit einem Eisern Häklein soll abgezogen
werden/ und so bald wiederumb Aschen auff
kompt/ solche soll auch/ wie die vorige abgezogen
werden/ so lang und so offt/ biß keine Asche mehr
auffkompt/ als dan man wieder etliche loth ♃
auff das glüente ♄ tragen/ und zu Aschen ma-
chen soll/ so offt und vielmahl mit aufftragung
und äscherung des frischen Zinns continuiren/
biß alles Bley und Zinn zu einer Asche worden
ist; diese Aschen soll man mit halb so schweer
unsserers secreten Salmiacs vermischen/ und per
retortam den Salmiac wiederumb davon ziehen/
ist wieder guht in der gleichen Arbeit zu gebrau-
chen; in wehrender destillation faßt der Salmiac
dem Sulphur des Zinß in sich/ und machet solches
zu einer Schlacken/ das reine Bley und Zinn/
reduciret sich in einem reinen König/ welchen
man nach geschehener destillation, von der Scoria
abschlagen soll: und weilen der Bley-König im
retorten etwas blatachtig fallet/ so kan man mit
einem Hamer auff einem Amboß zwerg gestellet/
schlagen/ so wird der ♄ König frum/ und sprin-
gen die Schlacken davon/welche man verwahren
soll/ dan viel Gutes darin verborgen ist/ wie

wir

der Spagyrischen Apotheken.

wir hernach hören werden. Will man aber diesen breiten Bley-König mit seinen Schlacken darauff besser scheiden/ so kan man solchen in einen Tiegel thun/ und in einen Schmeltz-Ofelein setzen/und den Bley-König schmeltzen/ und in ein Gieß-becken giessen/ so bleibet die Schlacke/ weilen sie hartflüßiger ist/ als der Bley-König zu rück im Tiegel/ welche man biß zu seinem gebrauch bewahren kan: den Bley-König soll man wieder auff einen Erdenen Herd/ oder von Bein-Aschen gemachter Capellen/ unter einen Müffel glüent machen/ und ♃ darauff tragen/ und solches zu Aschen verbrennen/ die Aschen abziehen/ mit Salmiac mischen und distilliren/ und die Schlacken wie gesagt/ von dem König scheiden; diese Arbeit/ so offt und vielmahl gethan/ biß daß fast alles Bley mit dem Zinn zu Aschen worden ist/ solche Arbeit wil auffs wenigste drey oder vier mahl wiederholet werden/ ehe das Bley und Zinn zu Aschen worden/ und nur ein kleiner König übergeblieben ist; welchen man wie ander Bley auff einer Capellen fein machen soll/ so bleibet das ☽ und ☉/ so in dem ♃ gewesen auff der Capellen sitzen/welcher granuliret/ und per ▽ das ☉ und ☽ von einander muß geschieden werden/ die Schlacken so von dieser Arbeit kommen/ soll man nicht klein und gering achten/ sondern fleißig zusammen halten/ dan sie mehr wehrt seyn als das ☉ und ☽/ welches auff der Capellen geblieben ist/ wan die Arbeit wohl gethan ist / so soll von einen jeden Pfond ℔ ungefehr für etliche Reichsthaler an ☉ und ☽ herauß kommen / welches dan Mühe und Arbeit reichlich bezahlet / und ein guter überschuß darbey zu erwarten ist. Welcher nun so viel Verstand hat / den Salmiac Compendiose zu bereiten / derselbige wird desto grösseren Nutzen davon zu gewarten haben; der übergestiegene Salmiac ist allezeit wieder zu solcher Arbeit zu gebrauchen / und gehet ihme nichts ab / als was bey der Schlacken geblieben / welche Schlacken man mit Wasser außlaugen kan / so erlanget man ein wunderbahrliches Saltz / welches viel grosse Tugendten hat / davon wir absonderlich in den Dritten Appendice (geliebts Gott) außführlich handelen: ich habe zwar vermeinet gehabt / dessen hochnützlichen Gebrauch in diesen zweyten Appendice bekant zumachen / so fält mir aber der zweyte Appendix zu groß / und weilen ich nicht gesinnet binn / hinführo grosse Bücher zu machen / also finde ich rahtsaem / dessen wunderthätigen Saltzes überauß grosse Krafften in den folgenden Dritten Appendice bekant zu machen. Auff daß aber der Kunstsuchente unter dessen solcher herauß kompt / ungefehr wissen müge / was doch damit auß zu richten / so berichte ich / daß ich an unterschiedlichen Orthen meiner vor diesen herauß gegebenen Schrifften / diesen Secreten Salmiacs gedacht / aber allezeit seine bereitung verschwiegen habe: als nemblich in Libro.

der Spagyrischen Apothecken.

bro Dialogorum, in bereitung des Lewen Bluts/ bey dem Elia Artista, habe ich dieses Saltz/ Sal artis, wie auch Bischoff und Hoher-Priester der Metallen genant und außführlich gelehret/ wie das gemeine ☉ und ☽ dadurch unwiederscheidlich/ sondern biß an den Todt zu beständig zu copuliren; an anderen Orten habe ich ihme auch andere Nahmen geben/ dieses Wunder Sal artis ist das jenige Saltz/ davon ich bey den Tribus Principiis Metallorum gehandelt/ damit Jupiter den güldenen Regen gemacht/ oder sich dadurch in einen güldenen Regen verwandelt/ und sich also zwischen des Tachs Ziegeln/ (weilen er anders keinen Eingang/ in den wohlbewahrten Thurn/ darin der Archiven König seine schöne Tochter Danai verschlossen gehabt) eingelassen/ und also durch den schönen güldenen Regen/ die schöne Danai betrogen/ davon sie den großmächtigen Perseum gebohren/ welcher hernach die Belluam Marinam getödtet/ und die schöne Anthræmetam errettet/ solche zum Weibe genommen/ und den gülden Apffel tragenten Garten-bewahrern starcke Gorgones überwunden/ ꝛc. Dieses unser Sal artis ist der secrete Chalybs Sendivogii, damit er dem ☉ seine Tinctur exstrahiret, und den tingirenden Lapidem Philosophorum daraus bereitet hat. Dieses unser Sal artis ist auch die jenige Juno, welche/ wie Virgilius schreibet/ der/ per Proserpinam ex arbore opaca abgebrochene Ramus Au-

E reus

reus ist consecriret worden; davon ich anders wo ein mehres tractiret. Es kan auch dieses Sal Artis, als Göttin Juno, für die Höllische Göttinne Proserpinam, Plutonis Haußfrauen selber genommen werden/ und ist diese Proserpina in abbrechung der güldenen Zweigen/ von des Virgilii dunckeln Baum viel bequemer oder besser als diese Proserpina, welche ihre güldene Zweige/ per destillationem, mühsamlich von dem dustern Baum abbricht/ dan diese solche ohne Feur oder andere mühsame Arbeit gleichsam spielente abbricht/ und der Göttin Junoni solche auffopffert: Welche künstliche und grossen Nutzen bringende Arbeit ich (geliebtes Gott) in den folgenden Dritten Appendice zu beschreiben/ fürgenommen/ dadurch des immer wehrente ☉ und ☽ Bergwerck/ welches jeder Man/ ohne viel umstände oder Weitläufftigkeiten in der stille in seinem Hause thun kan/ explicirt und wahrgemacht wird; dan durch keinen leichtern Weg/ das in allen Metallen verborgene ☉ ohne Feuer in Copia auß zu ziehen ist/ als eben durch diese unsere Göttin Junonem oder Jovialische Proserpinam; auff daß der günstige Leser einen desto bessern Verstand von dieser Poëtischen Philosophi haben mögte / so wird ihme dazu dienen am besten / der hocherfahrne Ovidius Naso, welchen er lesen kan/. so wird er befinden daß Jupiter allzeit ein Gott des Feurs/ und Juno seine Haußfrau / oder wie andere meinen seine Schwester/

eine

der Spagyrischen Apotheken.

eine Göttin der Lufft gehalten worden ist. Ob Juno nun nach dieses Poëten meinung/ des Jovis Haußfrau/ oder nach eines andern seine/ Schwester / oder Tochter gewesen / ist uns nichts angelegen/ dan uns genug ist/ daß wir wissen/ daß durch das Wort Juno ein flüchtiger/ Geistliger/ feuchte und wasserige Jupiter verstanden werde. Welcher Künstler nun die Göttin Junonem zu einer Vorsprecherin hat/ derselbe kan von dem Apolline oder Phæbo grosse Schätze zur Gesundheit des Leibes / und auch zeitlichen Reichthumb dienende / erwerben / welches so leicht thunlich und unköstlich/ daß ich nicht so kühne bin ein mehres davon zu schriben/ sondern die Feder zurück halten muß / auff daß die Gottlosen nicht dahinter kommen mögten/ dieweilen mir doch dieser Appendix, gegen meinen Willen grösser geworden / als ich vermeinet hatte / also wird die verbesserung des Eysens und Kupffers durch unsern Secreten Salmiac, biß auff den Dritten Appendicem müssen auffgeschoben werden. Ich hette zwar diese Bruschii Carmina, vom Zin-Bergwerck zu Schlacken-waldt/ wie auch von dessen gifftigen Bergschwadens von diesen Zweyten Appendice lassen/ und an deren statt/ durch hülffe unsers Salmiacs, die Verbesserung der andern geringen Metallen, und insonderheit des Eysers und Kupffers. Welche beyde unachtsahme Metallen viel mehr Nutzen/ mit viel geringer Mühe und Arbeit außwerffen/

als

als Bley und Zinn / meine Zeit hat es aber die-
ses mahl nicht leiden wollen / dan ich andere
Dinge unterhanden habe / mit nehesten herauß
zu geben / daran ein viel mehres / als an ☉ und
☾ zu machen gelegen ist. Wird sich also der
günstige Leser/ noch so lang gedulden müssen/ biß
daß der Dritte Appendix auch herauß kompt:
Solte unter dessen etwan von den einen oder an-
dern unser Salmiac zu machen zu theur fallen / so
kan er erstlich seine Proben / nur mit gemeinen
doch sublimirten Salmiac verrichten / und nach
dessen guhtfinden / solchen nach meiner vorge-
schriebenen Lehre bereiten/ oder von denen/welche
solchen in Copia machen / wan ich den künffti-
gen Sommer erleben werde / soll ich nicht lassen
können/ dieses grosse Nutzen bringendte Werck
das Ausziehen des Goldes aus den Zinn / und
leichtlicher extrahirung der Tincturen, vom
Kupffer und Eysen durch unsern Alkohest,
selber ins grosse anstellen und fortsetzen lassen/
und vom überschuß des Gewinnes für die Armen
ein Gedächtnüß in der Welt zu lassen. Die Zeit
wird uns geben / was uns zur Seelen Säligkeit
dienstlich und nützlich seyn mochte/ Amen.

Alhier habe ich außführlig gelehret / wie das
Superfluum von dem Bley und Zinn zu scheiden/
auff das ☉ und ☾ mit Nutzen daraus zu ziehen.
Welche Beschreibung an sich selber richtig und
ohne einige Unterhaltung der Handgriffen ge-
schehen : dannoch zweiffele ich nicht/ es werde
noch

der Spagyrischen Apotheken.

noch manchem der es nachthun will / ehe daß er den rechten Handel davon ergreifft/ fehlen. Vor allen dingen muß man zu sehen daß das Zinn nicht mit ♂/ oder Regulo Antimonii vermischet sey / welcher zusatz die Aschen hart und irreducibil macht. Deßgleichen soll auch der Salmiac wohlbereitet und scharpf seyn/ auff daß er genugsam in die Zinn-Asche würcken / selbige fleüßig machen/ und reduciren könne. Deßgleichen soll man auch die Zinn-Aschen nicht zu lang auff dem Bley liegen lassen / sondern alzeit nach und nach abziehen/ auff daß sie nicht zu hart verbrand und unflüßig werde. Die Ubung muß den Meister machen/ es ist unmüglich alles so deutlich zu schreiben / daß ein ungeübter nicht leichtlich einmahl fehlen könne. So dan jemant dise meine alhiesige Beschreibung zu unbegreiflich solte vorkommen / so kan er sich gedulten biß auff den folgenten Dritten Appendicem, darin noch ein anderer Weg/wie das ☉ und ☽ auß dem Zin/Bley/ Eysen und Kupffer mit Nutzen zuziehen / angewisen. Welcher Modus leichter zu thun seyn wird als der hiesige. Sonsten kan man auch wohl das feine Zinn/ darbey kein Zusatz ist/ also per se, ohne zuthun deß Bleyes / nur in einem Eisern Pot durch stätiges ümbrühren/ zu einer Aschen machen / und solche mit unserem Salmiac reduciren, wieder äscheren und reduciren, und solches so offt witerholen / biß das meste Zinn zu Scoria, und das ☉ und ☽ in einem kleinen

E iij   König

König reducirt worden/ welchen König man mit Bley auff einem Test oder Capellen fein machen kan; so erlangt man gleicherweise das ☉ und ☽ so im Zinn gewesen/ und leidet wenig abgang/dan die Scoria viel mehr wehrt ist/als das ☉ und ☽ so man davon gescheiden hat. Welcher aber diese Schlacken alß einen Magneten das ☉ darmit aus den Metallischen Solutionibus zu ziehen weiß/ derselbige wird grössern Nutzen in seiner Arbeit geniessen als wan er solche negligiret. Dan üm solcher Schlacken willen weilen viel gutes in Medicina und Alchimia darmit zu verrichten/ ich mehrentheils diese Tractätlein geschrieben hab: dadurch nicht allein Gold und Silber/ sondern auch wahrhaffte universal Tincturen aus Steinen und Metallen dardurch reichlich können gezogen werden. Also reichen Nutzen sage ich/ nochmalen/ können solche Jovialische Schlacken denen/ welche darmit ümbzugehen wissen/ beybringen/ daß sie sich und die ihrigen reichlich ernehren/ und noch ein guter überschus für die Armen auch abfallen kan. Wan mir Gott mein Leben noch so lang biß auff künfftigen Sommer fristen solte/ so werde ich nicht lassen ein solch nützlich/ und in der Welt noch niemalen bekant gewesene Werck selber anstellen/ und Nutzen für die Armen schaffen lassen: dan ich der bösen Welt albereit das Valete gesagt/und bekümmer mich weiters ümb nichts mehr/ sondern erwartte mit gedult einen Himlische Guten

Fuhrman/

der Spagyrischen Apotheken.

Fuhrman/welcher mich zum Ewigen Leben bringen soll/ darnach ich mich hertzlich sehne/ und verlange.

COROLLARIUM.

WJr haben in diesem Büchlein verstanden/ wie mit gutem Nutzen auß den Zinn/durch hülffe des Bleyes/ das darin verborgen/ ☉ und ☽ zu scheiden sey/ und solches durch unsern Secreten Salmiac, welcher/ nach dem er gebraucht worden/ und im scheiden des Goldes und Silbers sich reichlich bezahlet gemacht/ er dan noch viel Kräffte behalten/ und gleichsam zu einem natürlichen Magneten geworden ist/ aber nicht zu einem solchen gemeinen Magneten/ welchen alle Menschen kennen/ und das grobe Eysen an sich ziehet/ gar nicht/ sondern zu einem solchen wunderthätigen Magneten/ welcher nicht allein auß dem Golde/ sondern auch auß dem groben Marte & Venere ihre allerreineste Tincturen/ welche häuffiger und auch besser/ in ihren groben Cörpern/ als in Gold selber verborgen/ gar leichtlich ohne Feuer/ oder sonderbahrer Mühe und Arbeit/ herauß ziehet; welchen güldischen Magneten sehr wenig Philosophi gekant/ oder solchen zugebrauchen gewust haben: Unser COSMOPOLITA schreibet allein unter andern am klahresten davon/ mit folgenden

Worten; Datur Chalybs qui novit ex Radiis Solis extrahere illud quod multi quæsiverunt, & non invenerunt; Weiter/ Sichalybs noster undecies coit cum Auro, Aurum debilitatur ferè usque ad mortem, & Chalybs concipiet & pariet Filium Patri Clariorem, &c. NEUSEMENT rühret diesen Magneten auch ein wenig an/ doch obscur, und Paracelsus noch Obscurer; andere welche ihm gekennet/ wie auß ihren Schrifften gnugsam zu mercken ist/ rühren ihm gar nicht an/ vielleicht darumb/ weil sie gesorget die Kunst würde dadurch gemein werden/ und der Lapis Philosophorum, auff dem Marckte bey den Kauffleuthen herumb dantzen; ach nein/ man hat darumb nicht alles/ wan man gleich der Metallen tincturen auß zu ziehen weiß/ es gehöret noch mehr zum Dantz/ als ein paar neue Schue/ dan die außgezogene Tincturen/ zwar guht in Medicina zugebrauchen seyn/ und grosse Dinge bey allen Kranckheiten verrichten/ in Metallicis aber thun sie nichts/ müssen zu vor bey dem Gold figiret werden/ und einen Metallischen ingresi erlangen; in Medicina aber seyn sie guht/ also noch unfix grosse dinge auß zu richten/ und in sonderheit diese/ welche durch unssern Magneten ex Marte & Venere gezogen seyn/ dan sie alles Böse auß dem Leibe purgiren/ und solches nicht debilitando, wie gemeine purgantia thun/ sondern confortando, treiben auch zugleich den Schweiß und Urin/ und stillen alle in

und

der Spagyrischen Apotheken. 73

und eusserliche Schmertzen/ bringen einen ruhigen Schlaff wegen der sonderlichen narcotischen proprietät/ so im Eisen und Kupffer verborgen ist: können also solche tincturen Martis & Veneris universaliter, gegen alle Kranckheiten der Menschen/ also noch unfix/ sicherlich gebrauchet werden/ wan sie aber fix seyn/ so Tingiren sie Silber reichlich in Gold; den unser Magnet dem drachen/ das ist Aqua Stygia, darin ♂ oder ♀ solviret und getödtet seyn/ bey sich habende Aureum vellus raubet/ und wie Bason gethan/ solches mit sich nach Hause bringet/ und seinen Vater/ welcher mit dem Alter sehr getrücket war/ wiederumb erfrischet/ für ihm aber unmeßlichen Reichthumb erworben: dan solche Tincturen/in beiden facultäten Wunder thun. Ich habe von solcher Tinctur, welche ich vor meiner Kranckheit bereitet/ und davon noch etliche Gränches über hatte/ unlängst in den Leib genommen/ einige Erquickung davon zu erwarten/ welche zwar das ihrige gethan hat; die weilen ich aber nicht mehr davon hatte/ kondte ich auch nicht mehr gebrauchen/ verlange aber sehr darnach/ mit ehesten wieder etwas davon zu haben/ dan ich eine sonderbahre Tugend daran gespühret/ nemblich diese/ daß eine solche Tinctur, daß von schwacheit außgefallene Haar wieder auffs neue wachsen macht/ wie solches an mir selber wiederfahren ist; dan mir in meiner langwierigen Kranckheit/ fast alles Haar auß dem

E 9   Haupt

Haupt gefallen / und ich keine hoffnung gehabt/ daß solches wiederumb wachsen solte / nun mir andere aber sagen/daß auf meinem kahlen Kopff/ wieder voller schwartzer gekrüllete Härlein herfür kommen / muß ich es glauben / kan es auch wohl mit den Fingern fuhlen/ und glaube fastiglich/ wan ich mehr von solcher Tinctur gehabt/ daß ich dadurch wehre renoviret worden; ich verwarte aber mit verlangen / biß ich solcher Medicin wieder etwas mögte fertig haben / selbtge weiters zu gebrauchen/ umb zu erwarten/was Gott noch an mir gutes thun wolte/ so ich etwas wieder davon erlange / werde ichs nicht lassen/ solche Medicin auch andern alten Krancken mit zu theilen / und die Wunderwercke Gottes in aller Welt bekandt zu machen; was ich aber unter dessen mit der Feder thun kan / soll auch nicht unter lassen bleiben/ sage also noch mahlen / daß solche Tincturen grosse Dinge in Medicina verrichten können : Nun aber mich Gott auß gnaden/ mit der allergrösten Medicin, so in der Welt seyn köndte/ solche zu verfertigen so reichlich gesegnet/ wegen meiner Schwachheit / und sonderlich bey diesem kalten Winter/ nicht auß dem Bette kommen / muß mich also so lange gedulden/ biß mir Gott darzu helffen wird : und solte mich der Todt davon verhinderen / so bin ich doch zu frieden / daß ich auch andern alhier bekandt gemacht / daß in beyden unachtsamen Metallen Martis & Veneris, so grosse Tincturen verborgen/

borgen/ und so leichtlich/ durch unsern Jovialischen Magneten darauß zu ziehen seyn; welcher nun mit unsern Secreten Magneten zu werck zu gehen gesinnet ist/ derselbige sehe zu/ daß er solche nicht zu starck mache/ und an stadt einer Tinctur den groben Cörper empfange/ welches gar leichtlich geschehen kan/ wan der Magnet zu starck ist/ daß er neben der Tinctur zu gleich auch dem groben Cörper ziehet/ und sonderlich bey den metallis Homogeneis, da die Tinctur mit dem Cörper also fast gebunden ist/ daß sie sich ungern von einander wollen scheiden lassen: wird die Tinctur gezogen/ so folget sie zwar gern/ und läst sich durch den Magneten ziehen/ ist aber das Corpus Homogenium, gleich das ☉ und fixe Edelgesteine seyn/ so folget das Corpus der Tinctur nach. Zum Exempel: Ein gemeiner Magnet ziehet das gemeine Eysen/ sampt seiner bey sich habenden Tinctur, ohne scheidung des einen oder andern Theils zu gleich an sich: unser Secrete Magnet aber/ ziehet auß dem Eysen/ wan es zu vorn auffgeschlossen/ nur allein die Tinctur, und läst den groben Cörper liegen; darumb weilen das Eysen und ♀ metalla Heterogenia seyn/ und sich gerne theilen lassen/ hergegen das Gold/ weilen es Homogenium ist/ seine Tinctur nicht gerne fahren läst/ sondern der Leib ihrer Seelen oder Tinctur alzeit nachfolget; Ein gemeiner Magnet ziehet auß dem Eißen ohne scheidung der Tinctur, wan es gleich von der Natur in der Erden

den Homogenium, und dem Gold gleich fix gemacht worden/ wie an den Granaten zu sehen/ wan sie reich von Eisen seyn/ gleich wie diese/ so auß America, und sonderlich Terra nova Francica zu uns gebracht werden/ theils an grossen stücken/ und theils einem feinem Sande gleich/ der gemeine Magnet solche so gern und häufftig an sich ziehet/ daß es zu verwundern ist. Kan kein ♂ darauß geschmoltzen worden/ lassen sich weder mit Feuer schmelten noch mit starcken Wassern solviren/ halten aber viel Tinctur, welche ihnen leichtlich kan entzogen werden/ auff solche weise/ wie ich in dem Tractat de Tribus Principiis angewiesen hab/ wird aber von niemand gethan. In West-Indien seind grosse Berge/ mit lautern solchen kleinen Granätlein/lassen sich aber nach gemeiner weiß/ nicht handelen/ weil sie Homogenisch seyn/ wie dan noch kürtzlich einige Ertze und Handsteine/ so aus Terra Nova übergebracht/ mir gezeiget worden/ davon grosse Berge voll seyn sollen/ hat aber noch niemand etwas außbringen können/ da doch jedes Pfund solcher Erden reichlich einen halben Reichsthaler an Gold und Silber außgibt/ mangelt allein dem Menschen an der Kunst solches zu thun. Was gehen uns aber diese grosse Schätze an/ welche Gott in andere Lande geleget/ wir haben deren nicht nötig/ dan Gott durch die gantze Welt/ keinen Ort außgenommen die Subjecta gute Tincturen darauß zu ziehen/

der Spagyrischen Apotheken.   77

ziehen/überflüßig begabet hat/ mangelt allein an der Kunst; also daß wir des Goldes gar nicht nötig haben/ seine Tinctur darauß zu ziehen/weilen dieselbe viel leichter auß Eisen und Kupffer zu erlangen ist. Wil man aber das Gold auß solchen Wassern ziehen/ darin es weit zertheilet ist/ so kan man nur etwas von unsern Secreten Magneten darin legen/ so wird er zusehent/ alles Gold auß den Wasser zu sich ziehen/ solches sichtlich/ greifflich und Corporalisch machen/ zu grossen Nutzen des Künstlers: dan weilen man dergleichen Tinctur oder Gold-reichen Wasser gnugsam von der Natur gemacht findet/ und man solche nicht kauffen/ oder bereiten darff so ist ja den wissenden eine Thür geöffnet/ leichtlich zu grossen Schätzen zu kommen/ mangelt nur an Menschen welche die Hände anlegen/ mit müßig gehen/ kompt man zu nichts gutes/ den Dingen nun ein Ende zu machen und zu beweisen/ daß solche Magneten sein/ damit die Tincturen zu extrahiren/ so erweise ich hiermit solches erstlich/ durch dieses alhier beschreiben Sal Armoniacum Joviale, damit das geäscherte Zinn reducirt worden/wan nemblich solcher mit Zinn impregnirte Salmiac in Spiritu Salis solviret worden/ so hat man einen solchen geldischen Magneten, die Tincturen auß den Solutionibus Metallorum darmit zu extrahiren, wan man nemblich ein wenig von diesem Salmiac-Wasser in Solutiones Metallorum geuß/ unter einander schüttelt/

schüttelt/ und dahin setzet/ so ziehet der Magnet in momento alles was gut darin ist/ es sey gleich Gold oder Tinctur zu sich/auff dem bodem des Glases/ an deren Farbe schön Purpur oder Bluthroth/ und die Solutio Metallorum weiß wird; es seind zwar dieser Magneten auch noch andere und bessere mehr als dieser/ von Zinn und Salmiac gemachte/ welche die Tincturen auß den Metallen viel leichter und viel schöner auß ziehen als dieser; daß ich aber diesen alhier allein bekandt mache/ geschicht darumb/ weil ein solcher Magnet in dieser beschriebenen Arbeit das Gold und Silber vom Zinn zu scheiden/ auß kompt/ und man wissen möge/ daß derselbige mehr wehrt sey/ alß das Gold und Silber so vom Zinn geschieden worden. Es ist den unwissenden unmüglich zu glauben/ was für ein grosser Nutzen ein solcher Magnet deme/ der ihn kennet bringen kan; dan nicht allein auß den Metallen und Steinen/ warhafftige universal Tincturen auff Menschliche und auch metallische Leiber/ gantz leicht und unköstlich darmit zu extrahiren seyn/ sondern es kan auch auß diesen Metallen und Steinen/ darinnen viel geistlich Gold verborgen ist/ alß gemeinen Eisen und Kupffer/ wie auch Ost-Indischen Zinck und dergleichen mehr/ unter den Steinen die rothe und gelbe Sand und kißling-Steinen/ welche allenthalben häuffig gefunden werden/ und nicht aus frembden Landen dörffen gebracht werden/ viel
Gold

der Spagyrischen Apotheken.

Gold gezogen werden / sie liegen uns vor der Thür/ und sonderlich nahe bey uns in der Velau gantze Berge voll solcher goldreichen Steine/ darauß man particulariter viel Gold/mit unsern Magneten ziehen und guten Nutzen schaffen köndte: Von solchen Außziehen des Goldes aus den Sand und Steinen / tractiret der Siebende Theil des Vaterlandes Wohlfahrt außführlich/ daß unser Magnet alle Farben oder Tincturen/ nicht allein der Steine und Metallen, sondern auch aller Vegetabilien und Animalien zu sich ziehe/ und selbige in ihrer Farbe hoch exaltire, kanstu also versuchen ; Solvire ein Quintlin Gold in ℞ / schütte diese gelbe Solution , in ein Pfund gemein Wasser/ so wird sich die gelbe im Pfund Wasser verliehrn/ daß man Kaum mercken kan / daß etwas gelbes daran sey / giesse darnach auch ein wenig von unsern alle Farben exaltirenden magneten, zu dem güldischen ▽/ so wird das gantze Pfund ▽ / darennen nur ein Quintlein ☉ ist/Bluthroth werden/wan es aber still stehet/so fället das Gold/welches der Magnet aus dem Wasser zu sich gezogen hat / in seiner Farb hoch exaltiret/zuboden/und ist das Wasser weiß/ und hat alles Gold verlohren/ und kan

mahlen in der Welt bekand gewesen: wiltu probiren, was unser Magnet in extrahirung der Farben auß der Vegetabilien und Animalien thun kan/ so thue ihme also: Koche roth oder gelb Brasilien Holtz/ Curcuma, Krab/ oder dergleichen Vegetabilien nur in gemeinem Wasser so lang/ biß das Wasser gefärbet ist viltier solches/ und geuß von unsern universal Magneten ein wenig in das gefärbte Wasser/ schüttele es unter ein ander/ so ziehet der magnet alle Farben auß dem Wasser zu sich/ und fält/ als ein zart und subtiel Pulver zu boden/ das ▽ davon abgegossen/ und das Pulver getrucknet/ gibt eine schöne Farbe für die Mahler/ von Brasilien/ Braun-roth/ von Farnabock Licht-roth/ von Trachen-bluth/ schön Rubin-roth/ von Curcuma Gelb/ von Indigo schön Himmel-blau/ ꝛc. Die Animalia, alß Cunsinili, und ihres gleichen können auch mit Wasser gekocht/ und mit dem Magnet außgezogen werden/ strecken in der Farb viel weiters als sonsten/ dan unser Magnet erhöhet alle Farben solches zu probiren/ kanstu dir leichtlich nach meiner vorgeschriebenen Lehre etwas von den Magneten bereiten/ und damit erfahren/ was er in extrahirung der Metallischen/ Steinischen/ Animalischen/ und Vegetabilischen Tincturen zu thun vermag/ so wirstu mehr finden/ alß ich geschreiben; hastu kein Zeit solchen Magneten selber zu bereiten/ so kanstu leichtlich etwas von denen/ die solche haben/ und in

Copi

der Spagyrischen Apothecken.

Copia bereiten/ erkauffen/ und Proben davon machen; weilen dan durch solchen wunderthätigen Magneten/ so viel ungläubliche Dinge zu verrichten/ so habe ich rahtsam gefunden/ und dessen Bereitung einen ehrlichen Man übergelassen/ auff daß er selbige in Copia bereiten/ und der gantzen Welt gutes darmit thun mögte/doch also/ daß ihme seine Mühe und Arbeit bezahlet werde/ dan niemand etwas ümsonst thun kan. Er wird das Pfund solches wunderthätigen Magneten für einen Reichsthaler an alle/ welche ihn nötig haben mögten/überlassen: Er kan den Wollen/ Leinen/ Seiden/ Bein/ und Feder-Färbern/guht seyn/ schöner und beständiger/ als zu vorn geschehen/ darmit zu färben: Er kan den Chymicis dienen / auß Sand und Steinen viel Gold damit zu ziehen ; er kan den Spagyrischen Medicis dienstlich seyn/ auß den Metallen und Steinen Veram quintam Essentiam, gegen alle Kranckheiten zu gebrauchen / und bey Grossen und Kleinen / Reichen und Armen/ Ehre damit ein zu legen. Es kan auch dieser unaußgründliche/ großmächtige Magnet den Philosophis, auß allen gefärbten Steinen und Metallen universal Tincturen damit zu extrahiren dienen/ durch welche die weisse Metallen in ☉ und weisse Christallen/ in Rubinen/ Saphiren/ Hyacinthen/ Schmaragden/ und dergleichen schöne Farben/ wie man selber wil/ beständig zu tingiren/ in Summa/ welcher diesen Magneten hat/

hat/ und solchen zu gebrauchen weiß/ derselbige hat nicht nötig/ andere Chimische Bücher zu lesen/ dan alles in allen in ihme begriffen ist/ wie dan eine kurtze Zeit solches offenbahren wird. Dieser Magnet ist ein solcher grosser Schatz/ welcher in keinen grossen Buche könte beschrieben werden/ er kan allen Menschen dienen/ und ist gewiß kein besser Subjectum in der Natur zu finden/ durch welches so viel wunderbarliche/ und den Menschlichem Geschlächte nützliche dinge zu verrichten/ als eben durch unsern Secretum Salarmoniacum Joviale, es seynd grosse Bücher/ von dem gemeinen Magneten, welcher nicht anders/ alß allein das Eysen zu sich ziehet/ geschrieben/ über dessen wunderbarliche Art und Eigenschafft man sich nicht gnugsam verwundern kan: und wan solcher Magnet nicht erfunden/ wehre es unmüglich gewesen/ bey nacht mit Schiffen übers Meer zu fahren; nun man aber solchen zu gebrauchen weiß/ so können sich die Schiffleuthe so wohl darnach richten/ daß es ihnen auch gleicht gilt/ ob sie bey Tag oder Nacht fahren; ist also solcher grober Eisen ziehende Magnet zu loben/ weilen er den Schiffleuthen bey Tag und Nacht auff dem wilden Meer den Weg zeiget: Solte dan unser Secret Jovialische Magnet, welcher nicht allein den Philosophis, Medicis, Spagyris und Chymicis den reichten Weg zeiget/ über das wilde ungeheure Chimische Meer zu gehen/ und ein jeder ihme solche wahren/ als ☉

und

der Spagyrischen Apoteken.

und Tincturen abzuholen / welche ihme dienstlich seyn / sondern er zeigt auch den Handwercksleuthen den Weg frembder wahren / welche noch niemahlen im Land bekand gewesen / bey zu bringen. Gleich wie nun ein grosser unterscheid zwischen dem Planeten Jupiter und Mars, oder Zinn und Eysen ist: Also ein grosser unterscheid ist auch zwischen deren Magnete der gemeine Eisen ziehente Magnet, hat Christophoro Columbo zwar Americam, die neue ☉ und ☽ reiche Welt gezeiget/ darauß grosse Schätze von ☉ und ☽/ wie auch andere nützliche Wahren / zu uns über gebracht werden / aber alles mit grosser gefahr Leibes und der Seelen vieler hundert tausenten Menschen / welche auff solcher Fahrt jämmerlich umb ihr Leben kommen / und geschicht solches noch täglich / daß das eine Schiff das ander zu grunde schisset / nur umb den kleinen zeitlichen Nutzen willen / man seinem neben Christen solchen Schaden zufüget; welches daher kompt / weilen Mars mit seinen Magneten nur zum Krig / und Bluthvergiessen rathet und führet / hergegen der gütige und friedliebende Jupiter, mit seinen Magneten / niemand zum Bösen / sondern allezeit zum Guten anführet/

dadurch bekand zu machen: Hinweg dan Mars mit deinem Mord-und Bluhtvergiessen/ Rauben und Stehlen-deinen unersätlichen Bluht und Geld-hunger darmit zu erfüllen: Komme du hergegen zu uns du frommer Himlischer Jupiter Herr Jesu / bring unß den Christlichen Frieden und Einigkeit / auch eine ehrliche nottürfftige Nahrung ins Land / laß uns in Einigkeit und Gesundheit friedsam bey einander leben / und behüte uns vor den Martialischen Zerreissen/ und alle Tugend und Erbarkeit untertruckenten Wölffen: Zeige uns durch den Jovialischen Magneten den richtigen Weg nach den gelobten Lande / da sich der ungeheure (das Aureum Vellus bewahrende Drach) auffhält / ihme solches abzunehmen / davon wir in Gesundheit ehrlich und friedsam leben / und dir hie zeitlich und dort ewig Lob und Danck sagen mögen/ Amen.

Dieses sey auff diß mahl vom Außziehen/ oder scheiden des Goldes und Silbers/ aus dem Zinn / wie auch leichter extraction der Tincturen/ auß den Metallen und Steinen/ durch unser Secret Sal Armoniacum gnugsam gesaget. Zum überfluß ich gleich wohl nicht unterlassen kan/ den Filiis Artis zu gefallen / noch einen Sprung in der Philosophorum Lust-gärtlein zu thun / und darauß ein Körblein schöner Blumen zu pflücken/den Adeptis ein ehren Kräntzlein davon zu machen / auff daß sie solches zu meinem guten Gedächtnuß tragen mögen. Die erste Blume be-

betreffende / so wird die selbige weisse Lily / die zweyte blawe Viol / die dritte purpur-rothe Amaranthus genandt / welche drey Haupt-Blumen in unsern Lust-gärtlein wachsen davon ich ein schön Kräntzlein binden soll. Die erste weisse Lily / erzeiget sich am anfang des Wercks; die blawe Viol in der mittel Arbeit / und der rohte Amaranthus zum Ende des Wercks: Daß ich die Weisse / oder Anfang des Wercks einer Lilie vergleiche / thue ich nicht unrecht / dan unser Mercurial-Wasser / weisser als weiß ist. Dahero es von den Philosophis, Album, Albius Albo ist genant worden; darumb weilen solche Weisse nicht allein einer andern Weisse gleich ist / sondern sie übertrifft alle andere weisse Farben / mit solchen glantz / daß andere weisse Farben wan sie dargegen gesehen / dunckel seyn: weil dan eine weisse Lilie von Gott mit einer solchen glänzenden schöner Weisse begabet worden / deren schönen Weisse ihre kein eintzige Bluhmen unter allen Vegetabilien gleich ist; Also vergleichen wir billig unser Mercurial Wasser / als Anfang unsers Wercks / wegen seiner unvergleichlichen schönen Weisse / der weissen Lilien auff dem Felde / welche Christus unser Saltzmacher selber grösser zu seyn / saget / als Salomon mit all seinem

Candelabria, welche auff dem hohen Altar Gott zu ehren gebraucht werden/ ein Münch gemacht/ und herumb geschrieben hat diese Wörtlein. Non ex Auro neque Argento, sed ex primo Artis flore sum factum; solche Leuchter sollen weiß als Silber/ und schwehr als Gold seyn / darauß zu sehen/ daß die weise im wercke/ von den Philosophis eine Lilie oder Blume genant worden ist: daß unser weiß glänzende Lilie alle andere weisse Blumen weit übertreffe / bezeugen die alten Philosophi in der Turba wan sie sagen/ unser Saltz erhöhe die weisse im Silber und röthe im Gold/ welches dan die lautere Warheit/ und doch von den unerfahrnen nicht geglaubet wird/ weilen nach dem eusserlichen ansehen/solches gegen die Natur scheint zu lauffen/ daß eine Farbe zugleich weiß und roth färben solte; es geschicht aber gleich wohl in der Warheit also/ welches ich alhier mit der Feder erweise/ und mit näheften geliebts Gott/ jederman/ der ein solch Wunderwerck Gottes sehen wil/ vor Augen mit meinen eigenen Händen zu zeigen/ willens bin: welches also zu probiren ist. Solvire in einem ♁ etwas fein Capellen-Silber/ und in einem ▽ etwas fein Gold/ giesse von unsern Aqua Mercuriali ein wenig in die solutiones Solis & Lunæ, so wird das Silber in momento Schneweiß zu boden auß dem Wasser fallen/ und viel weisser seyn/ als etwas in der Welt seyn kan; deßgleichen/ wan du solches weisse klahre Wasser in die solution

des

des Goldes schüttest/ das Gold also bald Bluth-
roht aus dem Wasser fallen wird / und werden
beyde starcke Wasser/ des Goldes und Silbers/
durch zugiessung unser Secreten Salmiacs Was-
sers entblöset / also daß das geringste Gold und
Silber in den starcken Wassern / darin sie solvi-
ret wahren / nicht bleibet / sondern in ihren Far-
ben erhöhet/ zu boden gefallen/ dan unser Magnet
hat solche zu sich gezogen / und Perseus ---- id est,
erhöhete Gold / die schöne Andromedam, id est,
in der weisse erhöhete Silber / der Bellua marina
(das ist ▽) entzogen / und solche zu seinem
Weibe genommen/ id ist, sich darmit radicaliter
copuliret oder uniret/ gleich wie ich alhier nun er-
wiesen mit der Feder / daß unser Sal Armonia-
cum Joviale des Goldes und Silbers Farbe exal-
tiret, also soll auch / geliebts Gott / solches mit
nechstem einigen Liebhabern vor augen gezeiget
werden / auff daß sie zeugnuß der Warheit geben
können / siehestu nun / du blinde Welt / daß die
Turba Philosophorum nicht unrecht gesagt / daß
ihr secret Saltz/ die röthe im Golde und weisse
im Silber erhöhen köndte / und daß ihr secret
Saltz ein Salmiac, doch kein gemeiner gewesen
sey / blickt darauß / wan sie einhellig / mit lauter
Stimme ruffen / O Sal Armoniacum nostrum,
O mare nostrum, wehre ihr Sal Armoniac ge-
mein gewesen / sie hetten das wort / Nostrum
nicht darzu gesetzet; weiters sagt / die Turba, Si
Deus Omnipotens hoc Sal non creasset, impossi-
F iiij   bile

bile fuisset elixir nostrum complere, &c. Welche Worte Arnoldus auch anziehet/ und außtrück,lich saget/ daß das Wort Almizadir, damit die Philosophi ihr Secret Saltz getaufft/ ein Salmiac sey/ wie dan seine Wort also lauten.

PRACTICA
Magistri ARNOLDI DE VILLÆ-NOVA, *ad quemdam* PAPAM, *ex Libro dicto, Breviarius Librorum Alchymiæ.*

SAnctissimo in Christo Patri devotissimo, pedum oscula beatorum, mutatio Dei excelsa, dico tibi Pater alme, &c. Quod omnium primo Corpora in primam materiam reducere oportet. Prius te scire volo, quod materia omnium metallorum, & eorum Sperma est fumus albus, decoctus, & inspissatus in ventre terræ, calore sulphureo decoquente; & secundum varietatem Sulphuris, & ipsius multitudinem in Terra, diversa metalla procreantur, semper tamen ipsorum plurimum materia est una, & eadem essentialiter, solo differens accidente, &c. Cum enim sine sale Operator nihil agat, sicut qui cum arcu sine corda sagittat: Et hoc MORIENUS clarius dicit: accipite Plegmaticum & Cholericum, & terite Sanguineum cum eis, donec fiat cælum tingens, pro debita, &c. in suo igne, &c. Plegmati-
cus

cus eft frigidus & humidus ut Mercurius, & cholericus verò eft calidus & ficcus, ut Sal Armoniacum; Sanguineus eft calidus & humidus, ut Sol feu Aurum : Nota, Sal Armoniacum non dat Colorem, fed dat introitum, præparat & purgat, ingrediuntur tunc reliqui Spiritus Corporibus permiftis, & conjungit, & recedit; Ipfum enim Sal eft Unguentum, ficcitate ignis coagulatum, ex natura calida & ficca fubtili, à parte in partem penetrans folvit Corpora, & eft copulator contradictoriorum, & omnium Spirituum cum Corporibus. Ipfum enim eft Spiritus volans, Lapis generans, ad Elixir Coadjutor, & nifi ipfum effet, non folveretur, nec ingrederetur Elixir, nec poneretur unum cum aliquo alio, nec intraret unum in aliud: volans eft, exiftens unà cum corporibus corpus, & eft in eo occultum & abfconditum, de quo dicit Avicenna in majori, fi pofueris eum loco ignis, Aeris, & Sulfuris, aut cujuslibet, non errafti in opere, ad quamlibet enim fe inclinat naturam. Et Almixadir, id eft, Sal Armoniacum tibi folum fubferviat. In libro Aluminum & Salium traditur, quod fi Deus non creaffet eum, non perficeretur Elixit, & vanum effet ftudium Alchymicum. Qui ergo fine fale operatur, vel agit, ut ait Allegoria fapientum, corpora mortuorum in Sepulchris eorum non attenuat propterea, &c.

Hierauß ist gnugsam zu sehen/ daß ihr secret Saltz ein Salmiac gewesen/ aber kein gemeiner/ vom welchen secreten Salmiac immer der eine Philosophus ein ander Lieblein gesungen als der ander. Unser Cosmopolita rufft auch/ O Sal Armoniacum nostrum, O mare nostrum, und lehret auch unsern Salmiac machen/ doch sehr obscure wan er von den kleinen Fischlein/ Remora schreibet/ davon die Poëten fabuliren/ daß es ein Schiff im Meer mit vollen Siegelen/ wan es sich auff den Ruder setzet/ auffhalten könne. Ist dem nun also/ wan sich unser Remora, oder Sal Armoniacum Secretum auff ein fahrendes solvirend Gold- und Silber-Schiff auff dem Meer setzet/ in momento das ☉ und ☽ reiche Schiff dem kleinen Fischlein Remoræ gehorsamen/ und sich von ihme führen oder regieren lassen muß an einem andern Orte gibt Cosmopolita diesem Remoræ einen andern Nahmen/ und nennent es das Fischlein Eschineis, welches zu rück gelesen/ mit versetzung der Buchstaben Zinesche lautet: Ist deme nun also/ wie ich dan albereit erwiesen/ daß unser Jovialischer Salmiac den alten ihr Fischlein Remoræ oder Eschineis sey/ dadurch ein Schiff mit vollem Siegel auff dem Meer auffgehalten wird/ also wollen wirs auch da bey verbleiben lassen/ dan ich solches wahr zu seyn alhier gnugsam erwiesen habe: und sehen nach der zweyten Blumen/ der blauen Violen/ ob die selbe in unserm

Lust-

der Spagyrischen Apotheken.

Lustgärtlein auch zu finden sey: Nachdem wir gehöret/ wie durch unser Jovialische Sal Armoniacum Secretum, die Farb in Gold und Silber erhöhet/ und alß ein Magnet das Bluthroth verhöchte Gold/ und Talckweiß gemachte Silber in momento auß dem gesaltzenem Meer gefischet/ und wan man die beyde Solutiones Auri & argenti zu gleich in einem Glaß vermischet/ durch unsern Magnet, auß dem Wasser ziehet / so machet das rothe Gold und weisse Silber zu gleich eine violen Farb / welche die zweite schöne Blume ist/ so in unsern Philosophischen Lustgärtlein wächset: die dritte und allerschönste Blume/ so wir zu dem ehren Kräntzlein gebrauchen / die vergleichet sich dem schönen Kraut Amarantho, welches Blume ihre Farbe vor allen andern Bluhmen am allerlängsten behält/ dan die weissen Lilien wan sie reiff seyn/ ihre bletter fallen lassen/ die blaue Violen/ verliehren ihre Farbe: der Amaranthus aber behelt seine Farben Winter und Sommer; also geschicht es auch mit unsern metallischen Blumen/ alß von Silber weiß gemachte Lilien/ und so bald das roth-gemachte Gold dazu kompt / so wird eine blaue Viole darauß/ hernacher im Feuer auß der Violen der beständige Amaranthus. Wan ein Philosophus diese drey schöne Blumen rechtmäßig pflücken kan/ so trägter billig einen Ehrenkrantz darvon. Diesen kleinen Sprünglein habe ich noch zum überfluß in unser Lustgärtlein

thu-

thun müssen/ den Filiis Artis die zu zeigen/ ihnen eine Lust dadurch zu erwecken dergleichen hinführo selber zu pflücken. Meine Zeit kan auff diß mahl nicht mehr zulassen / wolte sonsten von dieser Materie etwas weiters herauß gangen seyn. Der günstige Leser wolle diß mahl mit diesen wenigen vorlieb nehmen/ wird es Gott zulassen/ so soll ein mehrers in den folgenden dritten Appendice, von dergleichen schönen Blumen/ welche durch hülffe unsers secreten Salmiacs viel leichter/ und auch viel heuffiger / als diese drey angewisen / zu pflücken / gelehret werden. Deßgleichen soll auch noch von einen viel nützlicheren Gebrauch unsers Salis Armoniaci Secreti, und auch noch vom gebrauch unsers Salis Armoniaci Secretissimi gehandelt werden: Dan obgleich unser Sal Armoniacum Secretum, welches wir durch Kunst und unsern Händen ex duobus Contrariis, nemblich Oleo Vitrioli, Spiritu Salis & Nitri, oder andern corrosivischen Geistern und Spiritibus Urinosis bereitet/ viel gutes in verbesserung der Metallen, wie auch bereitung vieler guter Medicamenten zu verrichten/ dergleichen noch niehmahlen der Welt bekandt gemacht worden/ so ist doch alles nur Kinder-werck/ zu rechnen gegen das jenige/ was durch unser Sal Armoniacum Secretissimum, welches nicht durch Kunst oder durch Menschen Hände/ sondern allein durch Gottes Hände/ oder Natur erschaffen/ und ohne Geld an allen

Orten

der Spagyrischen Apothekett.

Orten der Welt gnugsam zu haben/ und was noch mehrers die Philosophi beygefüget/ daß solches bey allen Menschen und an allen Orten der Welt gnugsam zu finden sey/ dahero sie geschrieben/ daß Adam solchen mit sich auß dem Paradeisse gebracht/ und nach seinem Todt dieselbe wieder mit sich in das Grab genommen/ welches nicht allein die Heydnischen Philosophi geglaubet/ und die Warheit in der Arbeit befunden/ sondern es habens auch die Christliche/ und vor andern von Gott erleuchtete Philosophi gleichermassen wahr zu seyn/ mit gnugsahmen rationibus bekräfftiget/ darunter Albertus Magnus, und seyn Discipulus Thomas Aquinatus die geringsten nicht seyn/ dan sie gleichsam ein heiliges Leben geführet/ und keine Lügner/ oder Landlaufferische Betrieger/ sondern von Gott hocherleuchte Religiose Männer/ und zu from und erlich gewesen seyn/ andern Lügen vor zu schreiben; deßgleichen seynd auch Philosophische Schrifften unterhanden/ deren Autores noch unbekandt seyn/ welche sehr Klahr davon geschrieben/ also daß gar nicht mehr anzuzweiffelen/ daß ein jeder Mensch/ so wohl Arme als Reiche Materiam Lapidis alzeit bey sich tragen/ ja selbige aus Mutterleib mit sich auff die Welt gebracht haben. Welches den Unerfahrnen unmüglich zu glauben ist/ weilen der Mensch nicht in Metallischer oder Mineralischer Gestalt von Mutterleibe kompt/ sondern als Fleisch und
Bluß-

Bluth anzusehen/ und dannoch die mineralisch Krafft volkömlich in ihm verborgen hat; wa solches nicht wehre/ so hette Albertus keine Gold körner zwischen den Zähnen der todten Köpff finden können. Es ist nicht nötig den Uner fahrnen ein mehrers von dergleichen hochwicht gen Secreten zu predigen/ sie können es doch nich begreiffen. Ich Glauber, sage aber dieses ir Warheit/ welche Gott selber ist/ daß ein solches Sal Armoniacum Universalissimum macht ha einen jeden gemeinen ☿rium, innerhalb zwey ode drey Tagen dahin zu bringen/daß er kein ☿ meh ist/ weder ☉/ ☽/ noch ☿ anquicket oder weiß machet/ sondern vielmehr selbige in ihren Farber erhöhet/ und in kurtzer Zeit solche in warhafftig Tincturen zu verwandelen/ macht hat/ diese Salmiac hat auch diese Natur und Eigenschafft daß er alle flüchtige Mineralien, als da seyn de gemeine Sulphur, gemeine Mercurius, Antimo nium, Auripigmentum, Zinck/ Wißmuth/ Ar senicum, Kobolt, Galmei, und dergleichen (wi wohl er selber noch unfix ist/innerhalb 24. Stun den also figiren kan/ daß sie sich ohne Rauch glühen und schmeltzen lassen/ und man dieselbige sicherlich gegen vielerhand Kranckheiten in den Leib nehmen darff/ davon mit nähestem geliebts Gott ein mehrers folgen soll. Schliesse hiemit im Nahmen Gottes dieses unvergleichte Tractät lein/von der wunderbahrlichen Krafft und Tu gend unsers Secreti Artificialis,& Secretissimi na turalis

der Spagyrischen Apotheken.

ralis Armoniaci Salis: der Gottfürchtige wird leicht begreiffen/ hergegen der Gottlose nimmermehr darzu gelangen/ darnach sich die unzüchtige/ Gottlose falsche Welt zu richten hat: In den folgenden dritten Appendice soll auch noch ein mehrers dergleichen hohen Secreten/und insonderheit/ von weitern und nützlicherm gebrauch unsers Mercurii Jovis, alß einigsten mittel/ ohne mühesahme und kostbahre langwierige Arbeit leichtlich zu einer Universal Medicin zu gelangen (geliebts Gott) gehandelt werden.

F I N I S.

ERRATA.

Im Titul / pro unſer / lege unſers. Pag. 3. lin. 3. Jpro pharmacopœ, lege pharmacopœæ. Pag 6. lin. 9. pro Secret. lege Secrete. Pag. 7. lin. 1. pro das Bley/lege das ♀. Pag. 8. lin. 7. pro unverborgen/lege verborgen. lin. 18. pro geſpentz/ lege geſpüs. Pag. 10. lin. 11. pro Ahren/ lege Ohren. Pag. 12. lin. 1. pro amner/lege Männer. Pag. 13. lin. 19. pro Hertzen/ lege herum. Pag. 14. lin. 17. pro zumblichen/lege ziemblichen. Pag 15. lin. 1. pro ihm nicht/lege ihne nicht. Pag. 16. lin. 12. pro verwegeren/lege verdencken. Pag 17. lin. 16. pro wohl bereitet und cureret / lege bereitet curiret werden/ lin. ult. ſolches aufgefreſſen / lege aufzufreſſen. Pag. 18. lin. 9. pro edelſte lege erſte lin. 15. pro und erwürget/ lege erwürget. Pag. 22. lin. 2. pro zwey / lege ein. lin. 13. pro des Bley/lege das Bley. Pag. 24. lin. 13. pro den Saturno, leg. dem Saturno, pro zugeignet lege zugeeignet. Pag. 27. lin. 11. pro weilen das ihrer/ lege weilen ihrer. lin. 22. pro im Böhmtſchen/ lege an Böhmiſchen Grentzen. Pag. 28. lin. 14. pro noch Jung wahr/ lege noch Jung. Pag. 31. lin. 26. pro dar ligen/lege darum ligen. Pag. 37. lin. 23. pro vos igitur Juvenis lege Iuvenes. Pag. 52. lin. 2. pro facillime à Sulphur.